Le Savoir Perdu Addendum

Alain Hubrecht

i

Cet addendum contient cinq parties.

Les trois premières peuvent se lire comme un livre. Elles contiennent, dans un ordre qu'on a voulu logique, les informations de base ayant servi à ébaucher la théorie du livre.
Une courte liste de livres de référence est proposée en fin du troisième chapitre.

- La première partie contient les éléments tangibles, historiques, archéologiques, scientifiques, astronomiques qui sont à la base du récit et de la théorie de Vénus.

- La deuxième partie apporte les informations liées aux découvertes de Michel Gauquelin sur l'influence des planètes et une tentative d'explication sur comment elles influenceraient notre cerveau.

- La troisième partie contient ce qui a trait à nos connaissances actuelles sur la clairvoyance et les ovnis

La quatrième partie est relative au projet STARGATE et à ses techniques de travail.

La cinquième partie fournit des informations sur des sujets sans rapport direct, mais qui ont été cités dans le livre, ceci afin de proposer une explication rapide au lecteur ne connaissant pas les sujets cités. Elle a été subdivisée en 4 parties:
A – Archéologie
S – Science
T– Technologie
P – Personnages

AVERTISSEMENT

Toutes les informations reprises dans cet addendum sont exactes et ne reprennent que des faits établis et plus du tout romancé ni de fiction comme c'est en partie le cas dans le roman du même nom.
Certaines parties encadrées et en italique reprennent néanmoins des idées de l'auteur, afin de mieux pouvoir comprendre la présence de certaines informations. Ces idées ne sont en aucun cas des affirmations, mais juste des pistes de réflexion.

Table des Matières

Partie A

Archéologie, Dieux et Religion

1. L'homme observe les astres

Depuis des dizaines de milliers d'années, l'homme observe les astres et note leurs déplacements dans le ciel.
En voici quelques exemples.

1.1 L'os gravé de l'abri Blanchard en Dordogne, France

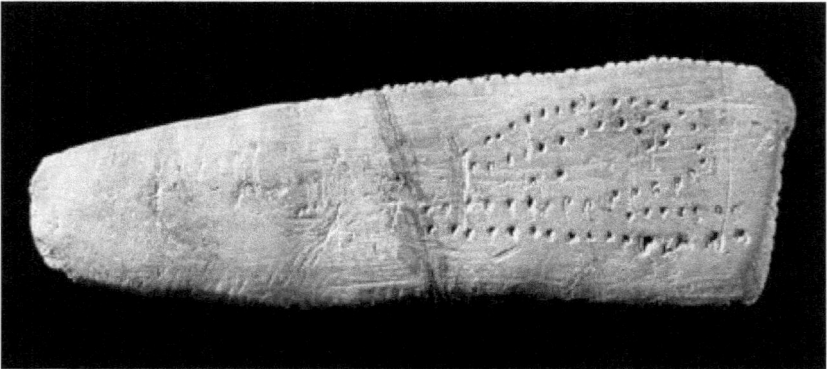

On peut voir de multiples encoches dans ce fragment d'os de renne du paléolithique supérieur. Chantal Jèques-Wolkiewiez a démontré qu'il s'agissait des différentes phases de la Lune au cours de plusieurs cycles complets il y a 35.000 ans.

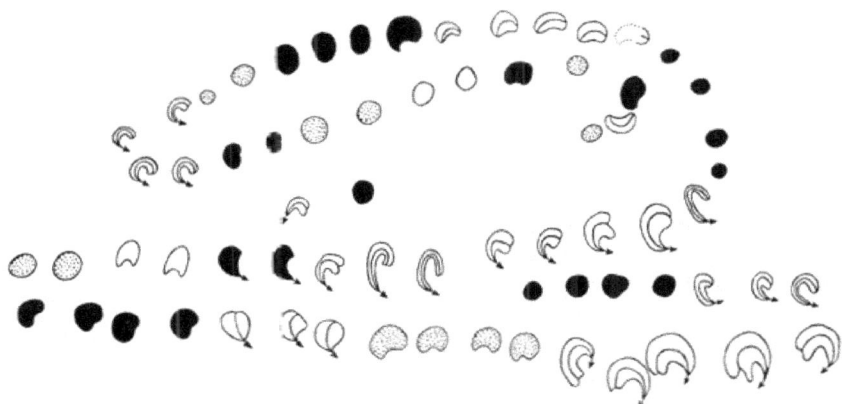

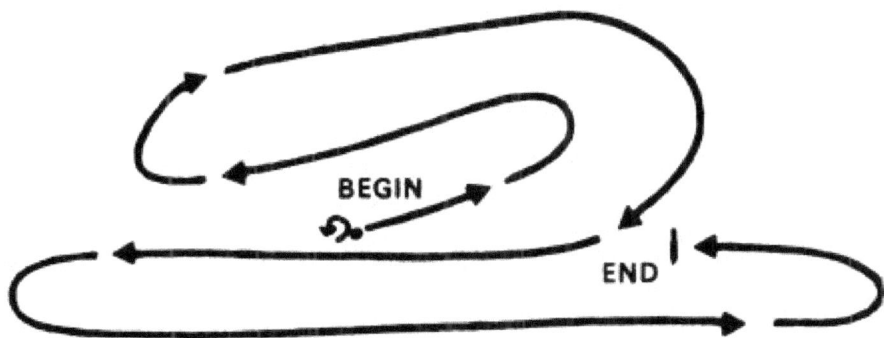

Le schéma ci-dessus représente le parcours relatif de la Lune dans le ciel comme il a été représenté sur l'os de renne. On voit que plusieurs parties de ce parcours sont « rétrogrades », en ce sens que l'astre semble rebrousser chemin, un comportement qui n'a pas manqué d'interpeller les anciens observateurs.

1.2 La grotte de Lascaux, France

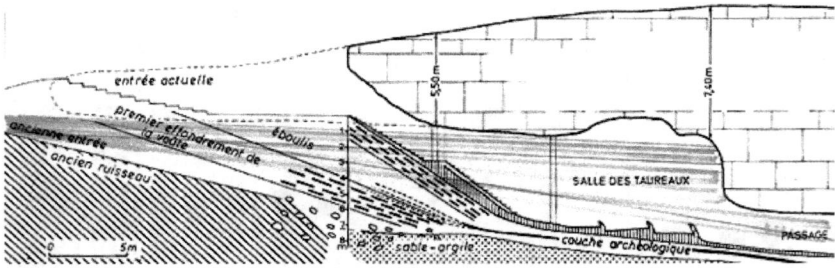

Une coupe de la grotte de Lascaux montre que le soleil éclairait la salle des taureaux au moment du coucher au solstice d'été.

Une hypothèse a émergé ces dernières années, selon laquelle lorsqu'on se place au centre de la grotte, à une date bien précise de l'année, certains animaux correspondent « en transparence » à des signes de la constellation du zodiaque, déjà à cette époque !

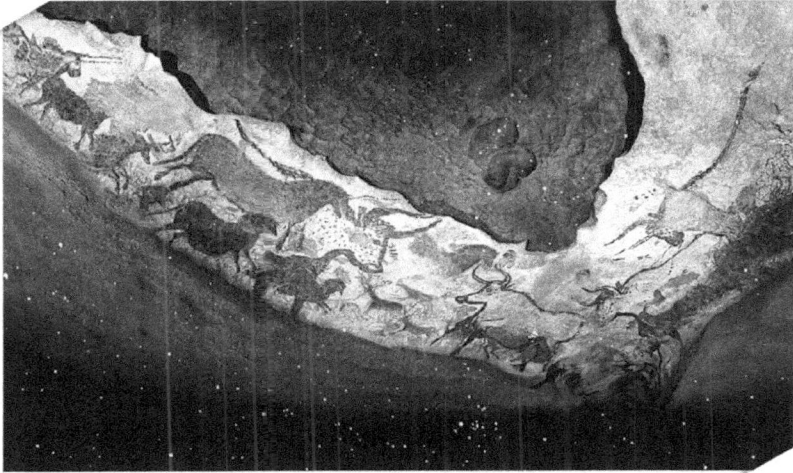

Peintures de la salle des taureaux.

Chantal Jègues-Wolkiewiez démontre que la scène du Puits de Lascaux est en concordance avec le minuit de l'automne 18730 av. J.-C..

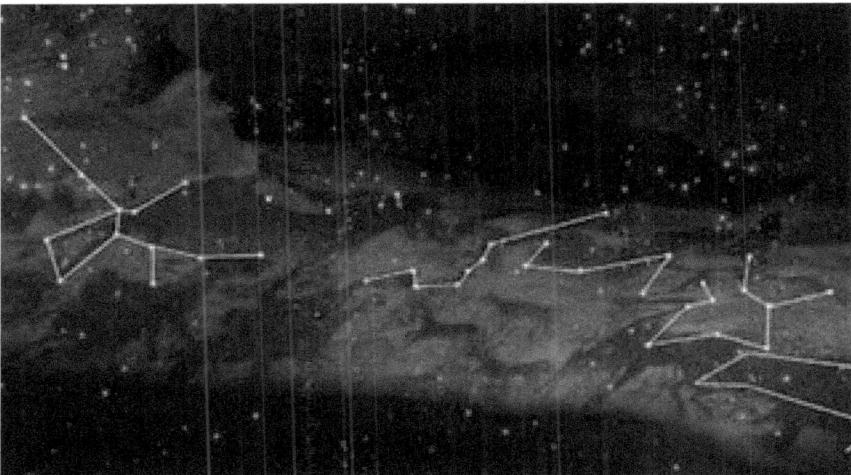

1.3 Le disque de Nebra, Allemagne

Ce disque montre le ciel en l'an 1699 av. J.-C.

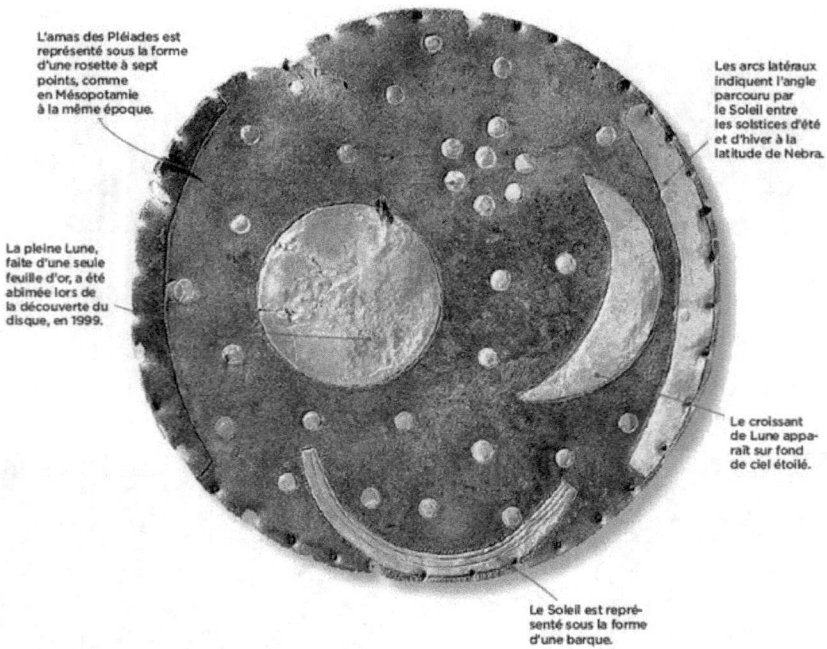

L'amas des Pléiades est représenté sous la forme d'une rosette à sept points, comme en Mésopotamie à la même époque.

Les arcs latéraux indiquent l'angle parcouru par le Soleil entre les solstices d'été et d'hiver à la latitude de Nebra.

La pleine Lune, faite d'une seule feuille d'or, a été abimée lors de la découverte du disque, en 1999.

Le croissant de Lune apparaît sur fond de ciel étoilé.

Le Soleil est représenté sous la forme d'une barque.

Ce disque, trouvé récemment, montre le soleil, la lune, le parcours du soleil entre les deux solstices, l'amas des Pléiades ainsi que diverses autres étoiles et planètes.

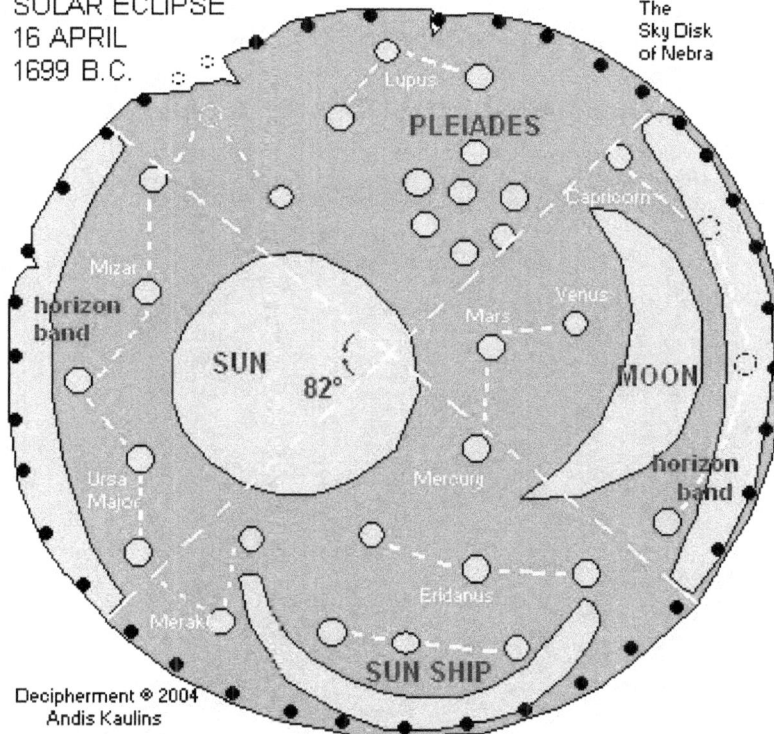

SOLAR ECLIPSE
16 APRIL
1699 B.C.

The
Sky Disk
of Nebra

Lupus

PLEIADES

Capricorn

Mizar

horizon
band

SUN 82°

Venus

Mars

MOON

horizon
band

Ursa
Major

Mercury

Meraki

Eridanus

SUN SHIP

Decipherment ® 2004
Andis Kaulins

Star positions according to Milton D. Heifetz, Precession of the Equinoxes, Historical
Planisphere, Learning Technologies, Somerville, MA, http://www.starlab.com
and Starry Night Pro, http://www.starrynight.com/

1.4 La tablette de Vénus d'Ammisaduqa, Mésopotamie

Cette tablette babylonienne date de 1700 av. J.-C.. Elle décrit les positions de Vénus et de Mercure pendant 21 ans.

1.5 Le zodiaque du temple de Denderah, Égypte.

Le zodiaque de Denderah se trouve dans le temple d'Hathor à Denderah en Égypte. Il fut découvert en 1821, au plafond d'une petite salle du temple. Pour certains Hathor représente la planète Vénus. Le zodiaque fait environ 2,5 m de côté.

La position de certains évènements figurant sur le zodiaque date l'objet de l'an 50 av. J.-C., mais il pourrait s'agir d'éléments ayant été mis à jour dans le cadre d'une restauration. En effet, même à l'époque il était courant de restaurer des monuments anciens et de leur apporter des éléments nouveaux. Il est donc très présomptueux de prétendre pouvoir dater cet objet. Peut-être même a-t-il été récupéré dans un autre temple plus ancien que celui d'Hathor.

Vue du zodiaque dans l'état actuel

Vue d'artiste du zodiaque dans ses couleurs originelles

Ce zodiaque représente le ciel étoilé, avec les douze constellations de la bande zodiacale, les constellations qui forment les 36 décans, et les planètes connues de notre système solaire à cette époque.

Sur le pourtour, 36 dieux symbolisent les 360 jours de l'année nilotique (alors que le calendrier égyptien de l'époque comptait bien 365 jours)

Sur le cercle interne est représenté l'écliptique avec les signes du zodiaque, assez semblables aux actuels. Les autres constellations sont également assez semblables à celles que nous utilisons actuellement pour désigner des groupes d'étoiles.

On voit encore d'autres évènements comme des éclipses.

Le quartier en bas à gauche, correspondant aux astres situés au nord, nord-ouest, contient certains éléments forts interpellants :

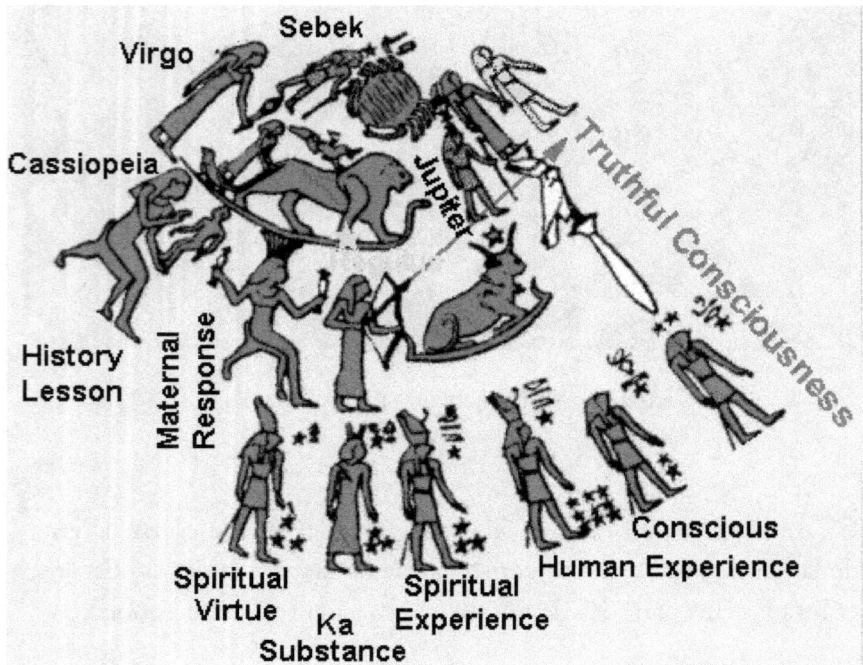

On voit de gauche à droite la vertu spirituelle, la substance de Ka, l'expérience spirituelle, l'expérience humaine et la conscience.

Vénus se trouve elle juste passé le sud, de l'autre côté du centre.

Voir à ce sujet l'exceptionnel site de Alexandre N.Isis

http://astrologievulgarisee.wordpress.com/2012/01/02/hello-world

1.6 Les Tables astronomiques mayas de Xultun, Guatemala

Ces tables vieilles de 800 apr. J.-C. décrivent les cycles de Vénus et de Mars pour une durée de 7000 ans dans le futur!
Elles se basent sur un calendrier de 365 jours, un cycle de 584 jours pour Vénus et de 780 jours pour Mars

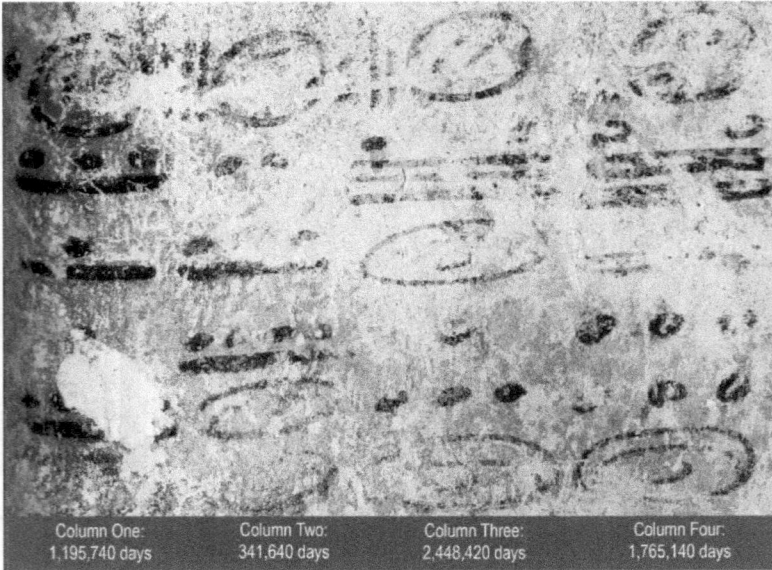

Column One: 1,195,740 days   Column Two: 341,640 days   Column Three: 2,448,420 days   Column Four: 1,765,140 days

2 L'homme érige de drôles de mégalithes

À quoi pouvaient bien servir ces dolmens que l'on trouve un peu partout depuis l'Écosse jusqu'à la mer rouge ?

Dolmen de Vilajuïga, Catalogne, Espagne
© Photo Manumanu www.intellego.fr/doc/19985

Dolmen de Vilajuïga, Catalogne, Espagne
©Photo Manumanu www.intellego.fr/doc/19985

Le Menhir de Appenthal semble être un siège d'accouchement.

Notre théorie serait que l'homme a commencé à bâtir des monuments permettant de vérifier plus facilement qu'un bébé était « bien né », en orientant le couloir principal de ce monument vers l'endroit où Vénus se lève avec la plus grande luminosité.

On croit que beaucoup de monuments anciens sont orientés vers le lever du soleil, mais on se trompe peut-être pour la simple raison que Vénus se lève en de multiples occasions quelques dizaines de minutes avant le soleil, et ce quasi au même endroit sur l'horizon. Nos ancêtres étaient peut-être donc plus intéressés par le lever de Vénus que par celui du Soleil, surtout que si Vénus précède le Soleil, sa luminosité peut être plus impressionnante, puisqu'elle apparaît dans le noir de la nuit, tandis que le Soleil est toujours précédé de l'aurore.

2.1 Newgrange

Vieux de 6000 ans, Newgrange est le plus grand et le plus vieux mégalithe connu.

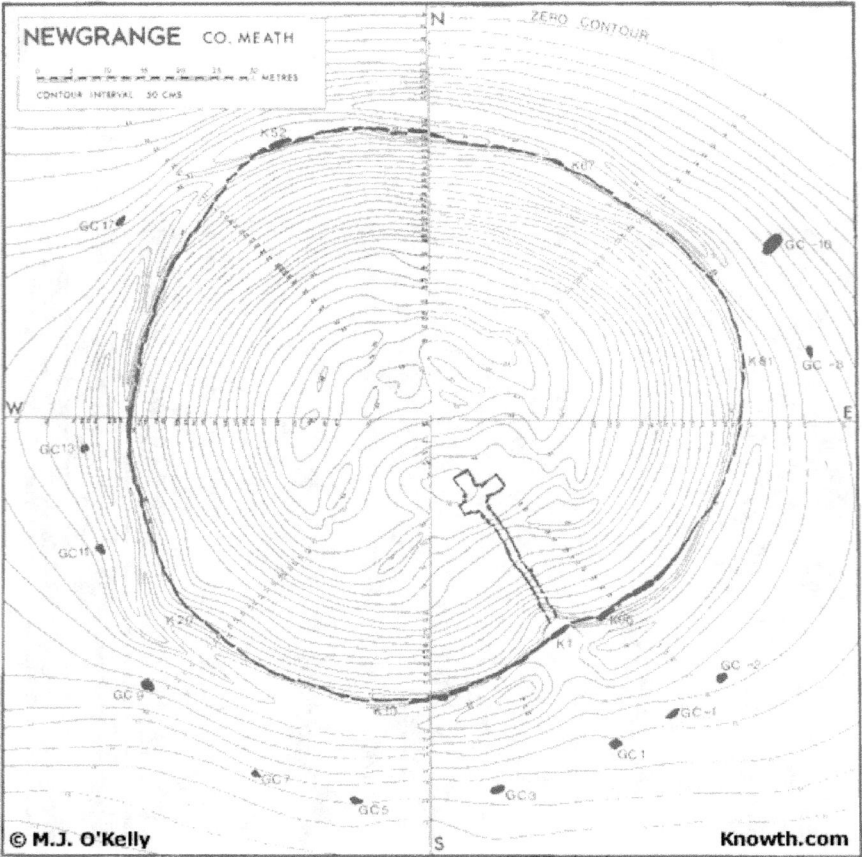

NEWGRANGE CO. MEATH

© M.J. O'Kelly   Knowth.com

A priori l'orientation correspond au lever du soleil lors du solstice d'hiver, mais comme on l'a vu, cela aurait très bien pu être orienté de la sorte pour le lever de Vénus, et le phénomène aurait encore été plus représentatif vu le plus grand contraste de luminosité.

Au-dessus de l'entrée, une imposte permettait aux rayons de l'astre se levant de pénétrer par un couloir sinueux jusque dans une chambre jouxtée de 3 niches

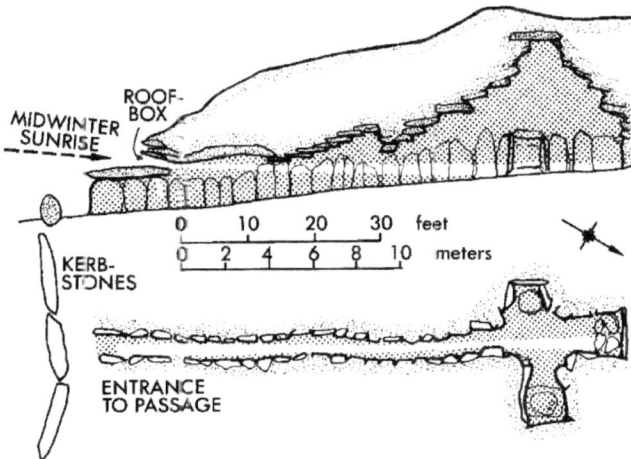

Le sol du couloir est incliné pour que le rayon de l'astre au lever vienne frapper le sol même du local situé au fond du couloir.

Au fil des observations et des années, l'homme a appris les meilleurs moments pour concevoir, et 9 mois plus tard avoir un bébé, qui de plus semblait apte à « sentir » l'approche de la planète et dès lors à décider du meilleur moment pour venir au monde.

En se plaçant au fond d'un couloir, attendant dans la pénombre, assistée de sages femmes, la parturiente pouvait sentir les contractions s'accélérer au fur et à mesure que l'astre approchait de l'horizon, et au moment où celui-ci devenait visible, que sa lumière pénétrait jusqu'au fond du couloir et illuminait la mère, le premier cri du bébé pouvait se faire entendre.

Si ce cri se faisait entendre alors que l'astre venait d'apparaître, il y avait de fortes chances que le bébé soit doté du don de clairvoyance et devienne donc un bon chef.

2.2 Les Nuraghi en Sardaigne

On compte plus de 20.000 nuraghi en Sardaigne. Les entrées des Nuraghi sont très basses et principalement là pour laisser pénétrer la lumière de l'astre au lever. Elles peuvent compter 1, 2 ou 3 étages. Quand il y a un ou deux étages, l'escalier se trouve dans l'épaisseur du mur extérieur. Le rez-de-chaussée comporte un couloir menant à une salle souvent jouxtée de 3 niches.

tharros.info

Il n'existe pas d'accord entre scientifiques sur la datation de ces nuraghi, vu qu'on n'y trouve aucune trace végétale ni reste humains. On les retrouve quasi partout, aussi bien à l'intérieur de l'île que dans le fond des vallées, et parfois empilées dans un grand désordre.

Mauro Peppino Zedda a réalisé un travail remarquable en mesurant l'orientation de centaines d'ouvertures de nuraghi.

Les deux graphiques suivants sont extraits de son livre « Archeologia del Paesaggio Nuragico ».

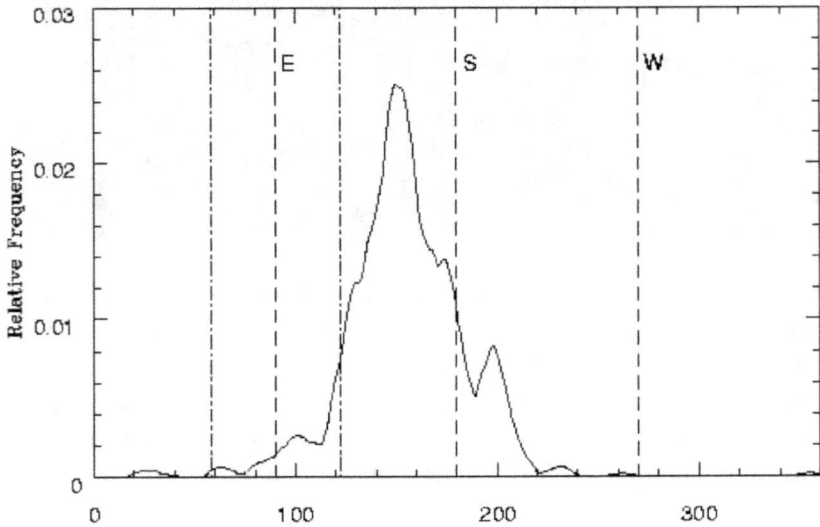

Ce graphe montre l'orientation statistique de l'entrée des nuraghi, visant principalement l'azimut de 154°

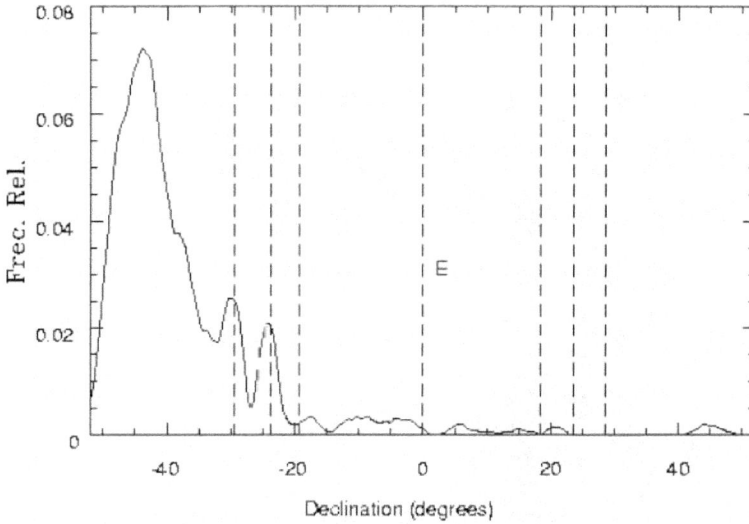

Ce graphe montre la répartition statistique de l'angle entre l'horizontalité et la ligne joignant l'horizon dans le plan vertical de l'axe créé par l'entrée. Le graphe montre la compilation des valeurs de 452 nuraghi. On découvre trois pics, correspondant à sans doute trois astres bien précis. Il semble que les deux petits pics correspondent au soleil et la lune à leur solstice, tandis que les chercheurs ne voient pas auquel peut correspondre le plus grand pic.

D'après nos calculs il peut s'agit de Vénus!

2.3 Les Brochs en Écosse

Le Broch de l'île de Moussa dans le Shetlands. Leur forme se rapproche de celle des nuraghi. On compte des centaines de Brochs en Écosse.

Sans doute servaient-ils aussi comme les nuraghi à mieux y faire naître les bébés ?

2.4 Les Sesi de Pantelleria

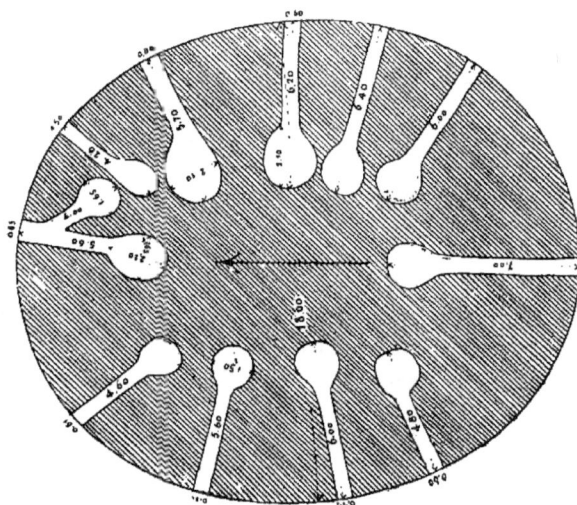

FIG. 5. The ground plan of the *sese grande* (from Orsi, "Pantelleria", Fig. 39).

Les Sesi de l'île de Pantelleria comportent aussi d'étranges couloirs à niches. L'histoire locale raconte que les mères devaient y séjourner un mois avec leur bébé, choisissant le couloir en fonction de sa date de naissance. Soit on apprenait aux bébés à mieux voir dans le noir, chose utile sur cette île fréquemment attaquée par des pirates. Les habitants avaient creusé de nombreux souterrains pour s'y cacher.

Une autre explication serait que ces niches servaient à isoler l'enfant pour affiner ses dons de clairvoyance

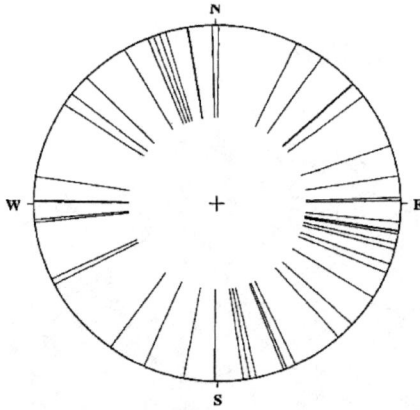

Même la Nasa a étudié l'orientation des galeries des Saisi, mais n'est arrivée à aucune conclusion valable.

Le disque ci-dessus représente les différentes orientations de niches trouvées sur l'île.

3 L'homme déifie Vénus

Pourquoi l'homme s'intéressait-il tant à vénus et lui associait-il presque toujours sa déesse de l'Amour et de la Guerre ?

Voici une liste de déesse de l'amour et de la guerre, toutes liées à vénus.

Mythologie perse : Anahita, Qadesh,
Mythologie mésopotamienne : Ishtar et Inanna
Mythologie hourrite : Hebat, Shaushga
Mythologie hittite : Hannahanna
Mythologie phénicienne : Astarté, Qadesh, Ashtart, Anat, Atargatis, Shalim, Marie L'égyptienne
Mythologie arabe : Allat
Mythologie égyptienne : Nephtys (Nebet-Hut), Anat, Qadesh, Marie l'Égyptienne
Mythologie grecque : Athéna, Aphrodite, Ariane, Erigoné
Mythologie nordique : Freya, Morrigane
Mythologie maya : Coyolxauhqui
Mythologie hindoue : Mahishâsuramardinî, Durga, Kali, Lakshmi, Saravastî
Mythologie juive : Oholiba
Mythologie chrétienne : Marie-Madeleine

Pour les Sumériens il y a 4500 ans, Vénus, représentée par la déesse Inanna, représentait la guerre et la soif de conquêtes, mais aussi l'enfantement et l'attraction érotique.
Son autre nom était Ishtar.

Seshat était la déesse de l'astrologie et des lieux sacrés

Tanit

Astarté

Anat

Toutes ces figures de déesses de l'Amour et de la Guerre sont représentées avec une sorte d'étoiles proche d'elles.

Il se peut que cette étoile soit le symbole de Vénus.

4 L'homme crée des Mystères

Les mystères (d'Éleusis, de Demeter, de Mithra, de Dionysos…) étaient des cérémoniaux très secrets. Il y avait les petits mystères et les grands mystères. Rares étaient ceux qui avaient accès aux grands mystères. Aucun écrit ne nous est parvenu permettant de savoir avec précision de quoi ils étaient composés. Les salles secrètes où se déroulaient ces mystères auraient possédé un appareil de type armillaire (voir 5.3) . On a aussi retrouvé des salles dont le plafond était encore parsemé d'étoiles. Un des secrets bien gardés consistait en l'apprentissage de comment choisir une date de conception en fonction de astres.

Ces pratiques venues d'on ne sait où sont passées par l'Égypte, la Perse, l'Inde, la Judée, la Grèce et Rome

Les mystères étaient délivrés par les Dieux. L'initiation se faisait en 7 étapes et ressemblait aux rituels maçonniques. Les dates spéciales étaient janvier/février(petits mystères) et septembre (grands mystères). Même le Christ aurait assisté à cette cérémonie. Le but de l'initiation était d'apporter « la contemplation clairvoyante des réalités suprasensibles de l'homme et de la nature, et notamment au mystère de l'âme et de la mort. »

Ils étaient déjà pratiqués en l'an -300 et l'auraient été sur une période de 1000 ans.

Quel que soit le nom du rituel il semble qu'il y avait toujours comme point commun un accouplement rituel entre une Reine et un Dieu (« La Sagesse grecque », de Giorgio Colli.)

4.1 Les rêvoirs.

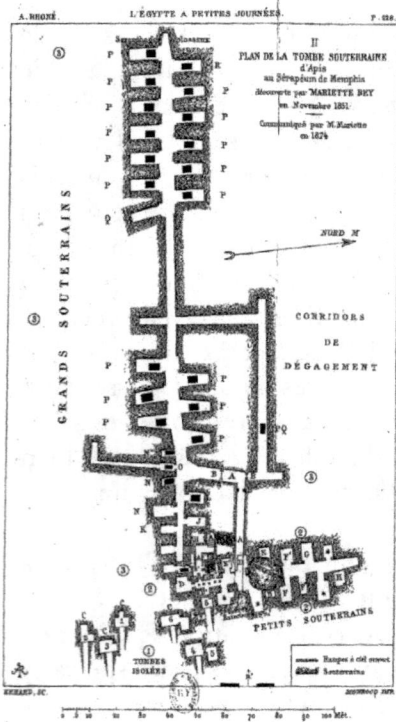

Dans un poème de Manéthon sur l'influence des astres, quelques vers parlent d'une croyance des cénobites païens:

« Ceux qui naissent sous une certaine conjonction de planètes deviennent des inspirés ou des devins. Les inspirés se tenaient plus tard dans les temples pour y expliquer les songes. »

Le Serapeum de Memphis et la proche chapelle d'Astarté semblent liés à cette pratique.
Le serapeum sera plus tard repris comme sanatorium et lieu d'adoration d'Apis.

Les « reclus » pouvaient facilement rester 10 ans si pas toute leur vie enfermés dans une pièce comme la chapelle d'Astarté, juste dotée d'une petite ouverture pour y recevoir les offrandes et les questions posées, pour ensuite donner la réponse qui leur est venue en rêve, rêve théoriquement basé sur le futur.

5 L'homme optimise les accouplements

Sculpture type d'un temple de Vénus Mylitta

« À l'origine les sanctuaires religieux servaient à rassembler des femmes en vue de l'accouplement ». (Pierre Gordon)

Le terme forniquer vient du mot fornix, indiquant l'espace ménagé entre les colonnes d'un temple.

Dans l'antiquité, les temples servaient à certains moments de l'année à y rassembler des femmes en période de procréation. Il s'agissait de dates bien précises, sans doute 9 mois avant de bonnes configurations planétaires (ou de Vénus). Les étrangers de passage étaient invités à visiter les temples et choisir une femme qui ne pouvait refuser. Chaque femme devait se rendre au temple au moins une fois dans sa vie (et donc théoriquement, en avoir un enfant). Le temple était divisé au moyen de cordes, afin de créer de petits boxes pour les femmes. Les étrangers parcouraient les allées et donnaient une pièce symbolique à leur élue. (Jacques Marcireau, Histoire des rites sexuels)

5.1 Les jeux olympiques et autres

Les dates des jeux étaient définies en fonction de configurations astronomiques. Les meilleurs sportifs venaient de loin pour y concourir, apportant ainsi du sang neuf et des corps robustes. Ils y gagnaient plus que probablement le droit de se rendre au temple et d'y choisir une femme pour l'honorer. Encore une fois, on voit des fêtes liées aux astres et dont le but est de produire des enfants, sans doute dans les meilleures conditions.

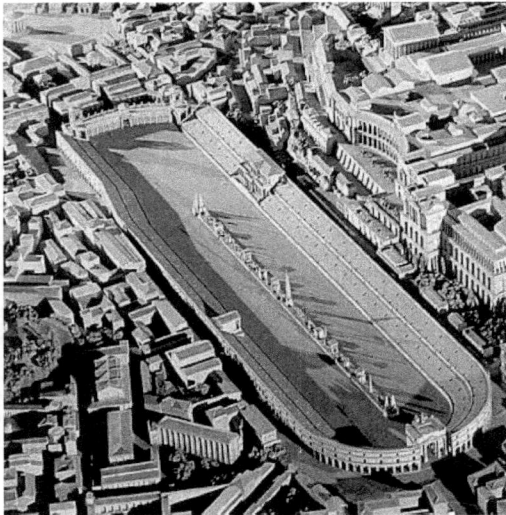

5.2 Le mécanisme d'Anticythère

En 1901, des pêcheurs d'éponges ont trouvé au large de l'île grecque d'Anticythère une galère romaine remplie de statues et d'objets d'art. Parmi ceux-ci, des morceaux rouillés indéfinissables..

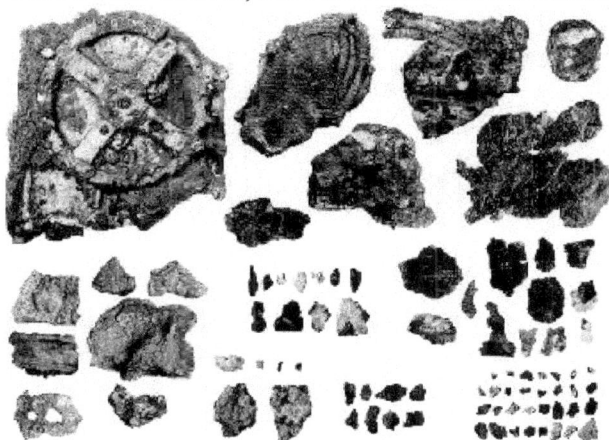

© Antikythera Mechanism Research Project

50 ans plus tard, lorsque les premiers appareils à rayon X virent le jour, des radios furent effectuées de ces morceaux et des roues dentées apparurent, faisant partie d'un mystérieux appareil.

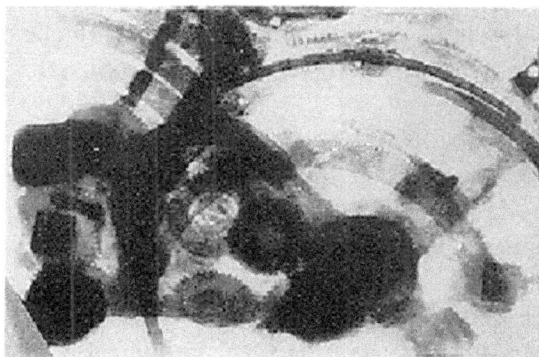

Depuis cette découverte, diverses tentatives de reconstruction de l'appareil ont été effectuées.

Voici ce qu'il en découle : il y a plus de 2000 ans, les Grecs utilisaient des machines pour planifier des évènements en fonctions de la position de certains astres. En tournant une manivelle située sur le côté de l'appareil, les astres tournaient autour de la Terre. Une fois satisfait de leur position, il suffisait de regarder l'autre face pour connaître la date dans le calendrier grec et égyptien. Techniquement il s'agit d'un planétarium mû par des roues dentées, permettant de calculer la position du Soleil sur l'écliptique, les phases lunaires, les cycles des éclipses (de Méton, Saros, Callippe, Exeligmos), les dates des jeux panhelléniques, et plus que probablement les mouvements des cinq planètes connues à l'époque.

Les fragments du mécanisme sont actuellement exposés au Musée Archéologique National d'Athènes. La machine est remarquable par son niveau de miniaturisation et par la complexité de ses parties. Elle contient 30 engrenages bien que Michael Wright, le chercheur qui a le plus étudié la machine d'Anticythère, ait réalisé une reconstruction de la machine qui fonctionne avec 72 roues dentées. Son hypothèse prévoit aussi l'existence de mécanismes capables de reproduire la rétrogradation des planètes ; il y a des références aux planètes Vénus et Mars dans les inscriptions récupérées sur la machine. Il faut dire cependant qu'aucun des engrenages relatifs aux planètes n'a été retrouvé, mais la reconstruction de Wright justifie une roue dentée qui autrement ne trouve pas sa place. Dans le cadran frontal, on trouve aussi un parapegma, sorte d'instruction pour l'emploi d'éphéméride, qui était utilisé pour noter le lever et le coucher des étoiles spécifiques.

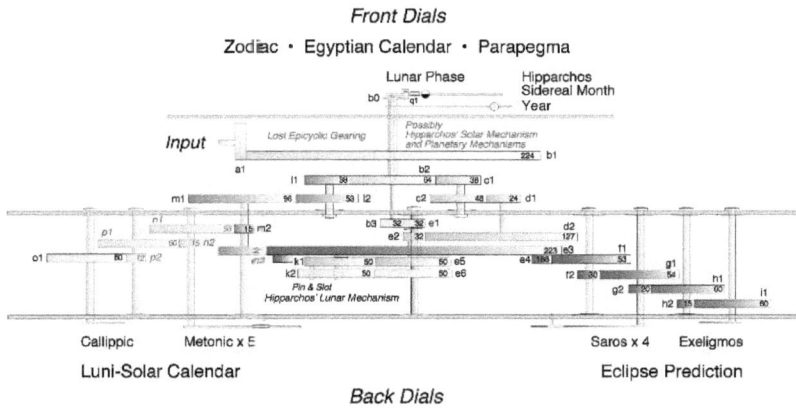

Front Dials

Zodiac · Egyptian Calendar · Parapegma

Callippic   Metonic x 5   Saros x 4   Exeligmos

Luni-Solar Calendar   Eclipse Prediction

Back Dials

© Antikythera Mechanism Research Project

Ce mécanisme tenait compte de cycles astronomiques pouvant aller jusqu'à 1072 ans.

5.3 Les autres mécanismes astrologiques

On sait que de -500 à 1800, la plupart des rois et empereurs tenaient des réceptions publiques et secrètes. Certaines de ces audiences secrètes s'opéraient sous un dôme pouvant faire jusqu'à 16 mètres de diamètres, montrant via un système hydraulique ingénieux, une clepsydre, le mouvement des constellations ainsi que celui des planètes et de la Lune.

Il s'agissait exactement du même mécanisme que celui trouvé à Anticythère, mais en plus grand.

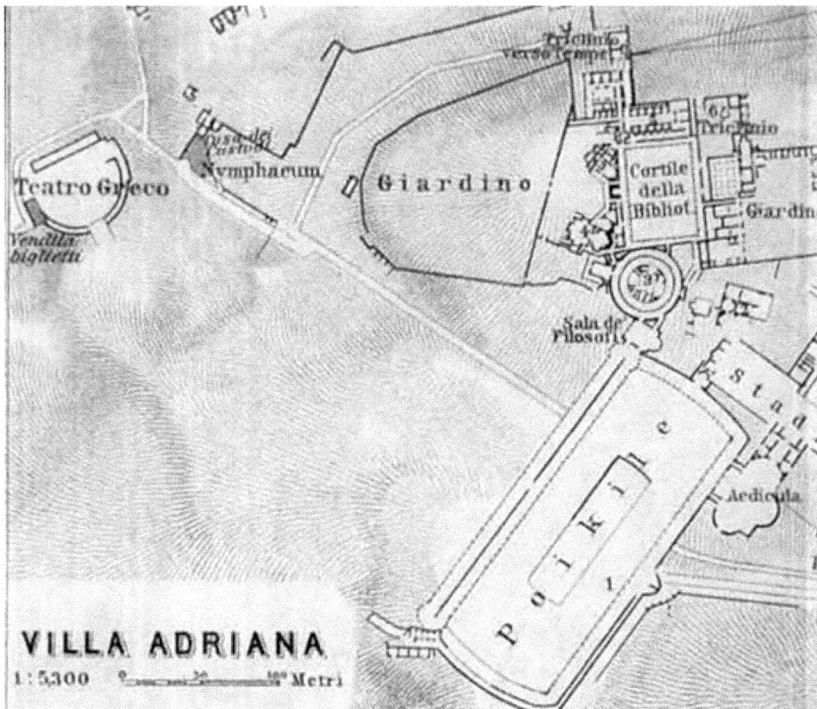

Villa d'Hadrien, dotée d'un mécanisme dans la salle ronde.

COUPE SUR LES LIGNES DIRSEN DU PLAN RESTAURE

L'empereur et ses intronisés tenaient compte de la position des astres pour prendre toutes leurs grandes décisions, ainsi que pour planifier les conceptions importantes.

Une girouette extérieure mesurant la direction du vent communiquait par une tige avec la salle secrète et permettait également de tenir compte de cette direction du vent. A fortiori sans relation avec les astres et l'astrologie, on notera que les jeux du cirque, fondamentalement basés sur l'astrologie, tenaient aussi compte des vents. Plus récemment, on a découvert que le vent modifie la polarisation de la lumière par l'effet qu'il a sur les gouttes d'eau en suspension dans l'air. On retrouve étrangement ici encore cette notion de polarisation.

Le palais de Néron

Vue de la salle secrète retrouvée dans les ruines du palais de Néron à Rome. Le dôme tournant faisait environ 16 mètres de diamètre.

DOMVS AVREA NERONIS

Reconstitution artistique du dôme tournant du palais de Néron.
On distingue les constellations et le trajet des planètes.
Plus tard, on verra apparaître les sphères armillaires et les tellurium

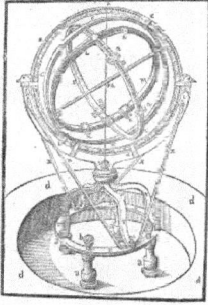

ARMILLÆ ZODIACALES.

Catherine de Médicis vécut à Paris les 17 dernières années de sa vie avec sa chambre donnant dans une tour surmontée d'un tel mécanisme. La tour sans son mécanisme est encore visible près de la chambre de commerce.

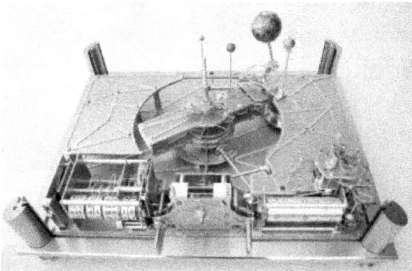

Ce récent tellurium construit par Richard Mille est évalué à plus de deux millions d'euros. La Terre est peinte et permet donc de trouver sa position exacte dessus, utile pour connaître l'altitude de vénus au-dessus de l'Horizon.

5.4 Une des plus anciennes fêtes

Les jeux Floraux étaient la plus importante des fêtes romaines et grecques dans l'antiquité. Elle célébrait Flora, Flore, ou Vénus.
Cette fête sans doute d'origine celtique était répandue dans toute l'Europe et l'Asie.
Elle était aussi appelée fête de la Beltaine, de la « très brillante », fête de la Nuit de Walpurgis, ou « nuit des sorcières ».

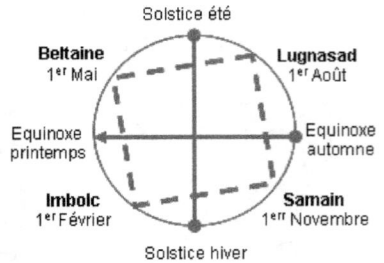

Cette fête fut même interdite par l'église. Elle était une des 4 plus importantes fêtes païennes solaires. Elle était dédiée aux fées, aux esprits magiques, aux dieux et aux déesses de la fécondité. Une fête où régnait l'ivresse des sens et de la vie. Un grand feu était allumé la nuit. Les femmes dansaient nues devant les hommes afin de les pousser à s'accoupler avec elles.

Neuf mois plus tard se célébrait la fête de l'amour, de la sexualité, et de la guerre, la fête du jour d'Ishtar, la déesse de Vénus!
Sur le graphique ci-dessus, il s'agit de la fête d'Imbolc, située début février. C'est la fête de la fécondité. Les catholiques l'ont remplacée par la fête de la Chandeleur, ou fête de la lumière.

6 L'homme institutionnalise le Saint-Esprit

Dans l'Ancien Testament, la Saint-Esprit est un don reçu à la naissance et qui permet de voir dans le futur proche et donc de pouvoir prendre les meilleures décisions.

Historiquement on disait que l'être possédait « le Saint-Esprit ». Un synonyme de ce terme est Shekinah.

Certains nomment cela de la prescience, de la prémonition, de la clairvoyance, d'autres nomment cela, plus récemment, « avoir des tripes », ou en anglais « to have the guts », mais peu se doutent de ce que recèle exactement cette expression.

L'auréole visible sur d'anciens tableaux servait plus que probablement à indiquer que la personne qu'elle surplombait était dotée du Saint-Esprit.

Dans l'Ancien Testament, il est question du Saint-Esprit qui aurait permis à Gédéon, à Jephté et à Amasaï de se comporter en chef et de remporter des batailles.

Il aurait aussi influencé les décisions ou donné le don de la prophétie à Saül, à Balaam, à Daniel, à Zacharie et encore à des dizaines d'autres.

… La Gloire de la Shekina était la Présence visible de Dieu. Ainsi Moïse dit avoir été marié à la Shekinah. Dans la théologie phénicienne, la divinité était souvent appelée la manifestation du dieu, et les Hébreux parlent de la Shekinah exactement dans le même sens. Ce terme abstrait tend à supplanter tous les noms plus anciens, plus anthropomorphiques, pour l'Esprit Saint…

Un document apocryphe cite Jésus de Nazareth se référant au Saint-Esprit comme "Ma Mère". Les manichéens appellent la mère du Christ "la vierge de Lumière", la Gloire de la Shekinah, l'Ishtar des Étoiles, soit Vénus.

« C'est par la descente du Saint-Esprit en nous que nous pouvons être assistés et éclairés en toutes circonstances et dans les décisions que nous avons à prendre. C'est par cette même grâce de la manifestation de l'Esprit-Saint dans notre vie, que nous pouvons nous rendre maître de notre destin, trouver notre place et notre chemin dans le théâtre de la vie…»
Source : Par le pouvoir du Saint-Esprit, **de Angel Adams.**

En fait, le Saint-Esprit, ou la Shekinah sont dans certains textes anciens assimilés à la conjonction de Vénus et de Mercure.
Ci-dessous, une représentation de cette conjonction sur le tympan de la porte du sanctuaire de la nativité de la Basilique de la Nativité à Bethléem.

Dans l'évangile de saint Luc, c'est Vénus qui guide les Rois mages vers Jésus lors de la nativité .

Cher les juifs croyants, l'apparition du Messie était liée à la présence d'une configuration astrale particulière dans son ciel de naissance.
Il s'agissait d'une conjonction Vénus-Mercure précédant le lever du Soleil ; cette association très lumineuse porte, ici aussi, le nom de Shékinah...

Né sous la lumière préaurorale de celle-ci, Jésus s'arrangea pour se conformer à sa mission de roi de Juifs et il entraîna le peuple élu de Dieu dans une révolte ouverte contre les Romains...

6.1 Les conjonctions de Mercure et de Vénus...

Mercure-Venus-Lune-Saturne-Gemeaux - 10/09/04 - ©Philippe JACQUOT

Ces conjonctions ont un cycle d'apparition d'environ 1000 ans, et toutes ne sont pas visibles depuis l'Europe. Certaines restent en dessous de l'horizon. Elles étaient donc extrêmement rares, donc très recherchées! Les dates remarquables des conjonctions visibles de chez nous sont les suivantes:

19 juillet 3025 av JC
28 juillet 2085 av JC
28 octobre 607 av JC (Temple de Salomon ?)
4 septembre 42 av. J.-C. (Naissance de Jésus ?)
30 mai 1346 ap JC (Chapelle de Rosslyn ?)
16 octobre 1990 ap JC

6.2 Le Massacre des Innocents…

La recherche d'une conjonction Vénus-Mercure nous donne la date du 4 septembre 42 av. J.-C..

Hérode ordonna le massacre des enfants dont la date de naissance aurait pu correspondre à la date de cette Shékinah.
Cette histoire n'est pas prouvée, mais elle illustre combien l'empereur en place avait peur de voir naître un enfant doté d'un Saint-Esprit particulièrement performant, et donc apte à le renverser 20 ans plus tard.

6.3 Hildegarde von Bingen et le Saint-Esprit

Le Saint-Esprit est souvent représenté sous forme d'une colombe et souvent visible dans le vitrail de l'abside des églises et cathédrales. Ce vitrail dans l'abside fait face à l'endroit où s'est levé l'astre sur lequel est basée la dédicace de l'église ou de la cathédrale le jour de cette dédicace. Cet astre est sensé revenir éclairer l'autel aux dates anniversaires.

Hildegarde était connue pour avoir de nombreuses visions ou révélations

Décédée en 1179 à 81 ans, elle fut la première sainte canonisée, en 1244

D'après Carl G. Jung, sur la gravure ci-contre, le losange relié au bébé contient des mantras (l'âme qui sait tout et des yeux qui voient tout).
Autrement dit, le Saint-Esprit qui permettra plus tard à ce bébé de tout voir et savoir.

7 Les Francs-Maçons

Les Archives de la Franc-Maçonnerie

Alexandre LENOIR

LA
FRANC-MAÇONNERIE

RENDUE À

SA VÉRITABLE ORIGINE

Les francs-maçons célèbrent les deux solstices, se nomment les fils de la lumière, et ont la charge d'augmenter l'intelligence de leurs fidèles par l'illumination.

Peut-on voir un parallèle entre la compréhension du rôle des astres et l'augmentation rapide des progrès de la race humaine ?

Le savoir des heures et des orientations des mégalithes, des couloirs et plus tard des temples fut géré par une élite et transmis dans le secret.

Sans doute peut-on voir là les débuts de la franc-maçonnerie.
L'art de construire des édifices qui plus tard se nommeront des édifices religieux.

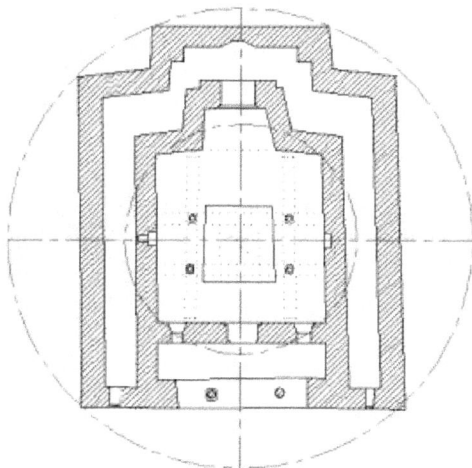

Temps de Cybèle

Quatre livres traçant le fil rouge du transfert du pouvoir et de son secret au fil du temps.

7.1 Les Universités Catholique et l'astrologie

Jusqu'au moins le 16e siècle, les universités catholiques avaient comme but principal d'enseigner l'astrologie à leurs élèves, avec comme prérequis les mathématiques, l'astronomie, l'optique, la physique, etc.

Les jésuites avaient le monopole de la construction et de la maintenance des mécanismes armillaires, depuis l'Écosse jusqu'en Chine.

Ancien observatoire astronomique de Pékin

Sphères armillaires construites à Pékin en 1660 par le père jésuite belge Verbiest.

Mais en 132 les Chinois utilisaient déjà des sphères armillaires manœuvrées par un système de clepsydre, comme dans les palais des empereurs romains.

Partie B

Planètes, Particules et Neurones

8 Michel Gauquelin

La position des planètes et leur influence sur l'homme

Au 20ième siècle, Michel Gauquelin, statisticien, a étudié l'influence des planètes sur le caractère de l'homme. Il a compilé « en aveugle » des milliers de biographies et comparé les traits de caractère avec la date de naissance.

Il n'a rien remarqué par rapport aux différents éléments de l'astrologie, et donc n'a pu valider la théorie astrologique, mais il a noté des écarts anormaux liés à la position des planètes par rapport à l'horizon (lever, culmination, etc..).

Il a noté les résultats sur des graphiques montrant, par planète, la variation de tel ou tel caractère en fonction de la position autour de la Terre, le lever de celle-ci étant à gauche du graphique et son coucher à droite..

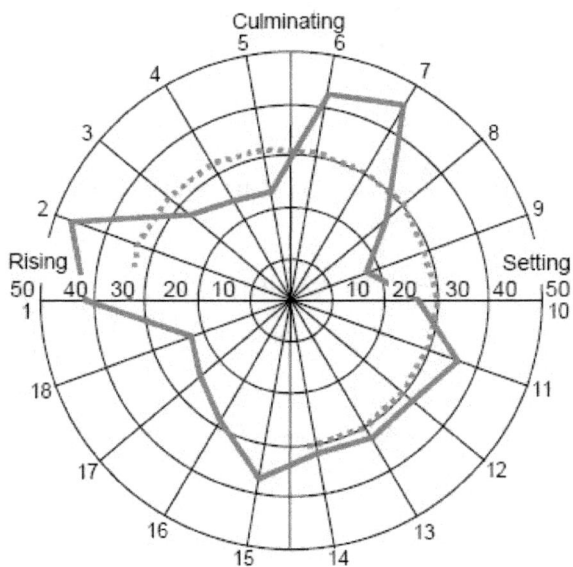

On sait que les bébés naissent à leur heure.

Gauquelin aurait constaté que si la naissance n'est pas naturelle, donc retardée ou avancée pour des raisons de commodité, le nouveau-né ne sera pas imprégné par la bonne position d'une planète comme il l'aurait été en temps normal.

Il semble aussi qu'un fils peut avoir tendance à naître avec la même planète au lever que celle qu'a eue son père, comme s'il y avait une transmission de l'affinité à une planète et donc de la « spécialité » de la famille.

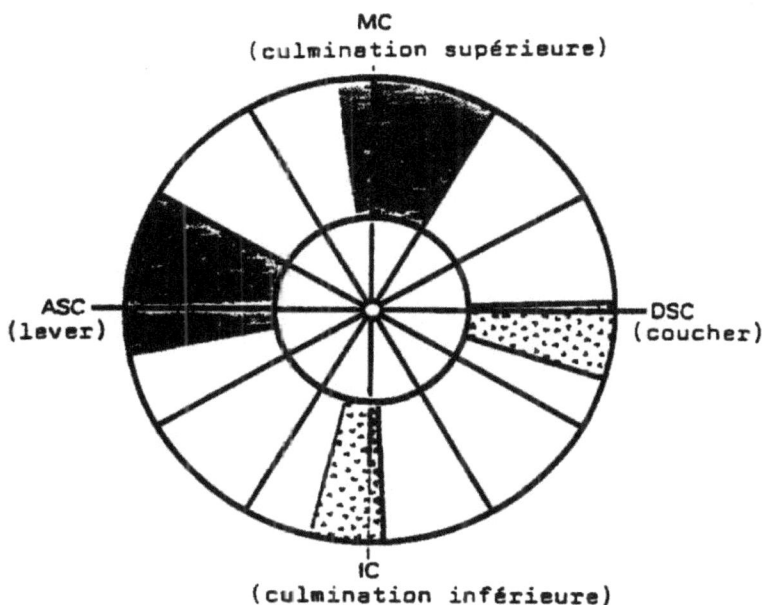

En règle générale, certaines planètes semblent influencer des traits de caractère précis si elles se trouvent dans les zones noires, et dans une moindre mesure dans les zones grises, lors de la naissance du bébé.

Les deux planètes ayant le plus d'effet sont Mars et Jupiter, puis Saturne et la Lune, et enfin Vénus, avec réserve.

Notre théorie est partie du fait que la planète Vénus semblait ne pas avoir d'effet notable sur les traits de caractère, alors que les autres planètes proches de la Terre en avaient.
Si Vénus avait une influence, sur quoi d'autre que le caractère influencerait-elle ?

The Gauquelin Professional Results					
Group	Mo	Ve	Ma	Ju	Sa
Actors				+	-
Doctors			+	-	+
Sports	-		+		
Military			+	+	
Executives			+	+	
Politicians	+			+	
Journalists				+	-
Playwrights				+	
Scientists			+	-	+
Writers	+		-		-
Painters		(+)	-		-
Musicians		(+)	-		

Voici une répartition des orientations professionnelles trouvées comme anormalement présentes dans la vie de personnes étant nées lorsque la planète en référence se trouve dans une des 4 positions clés.
MO=Lune
Ve=Vénus
Ma=Mars
Ju=Jupiter
Sa=Saturne

(Extrait de "Les Hommes et les Astres")

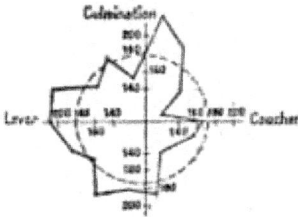

a) Position de Mars chez 3 142 militaires (maréchaux, généraux, amiraux, officiers).

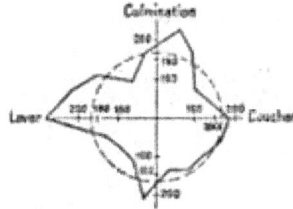

b) Position de Saturne chez 3 305 savants (académiciens des sciences et de médecine).

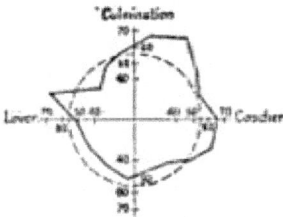

c) Position de Jupiter chez 993 politiques (chefs d'État, ministres, députés).

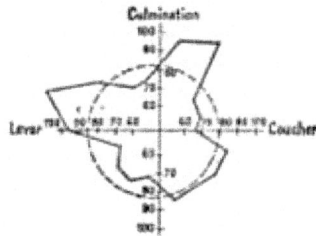

d) Position de Mars chez 1 485 champions sportifs.

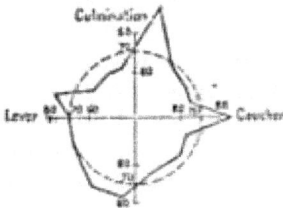

e) Position de Jupiter chez 1 270 acteurs (vedettes).

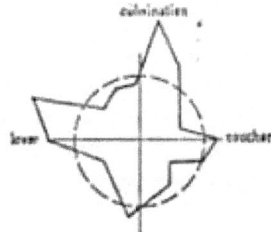

Résultat d'ensemble sur 25.000 cas dépassant cinq fois l'écart probable !

Voici un résumé des découvertes statistiques des travaux de Michel Gauquelin.

9 *Vénus*

Le cycle de Vénus autour du Soleil est de 586 jours. La magnitude (la brillance) de Vénus vue de la Terre varie principalement en fonction de l'angle entre Vénus et le Soleil, vu de la Terre. Au plus l'angle entre Vénus et le Soleil est grand, au plus Vénus nous semble lumineuse.

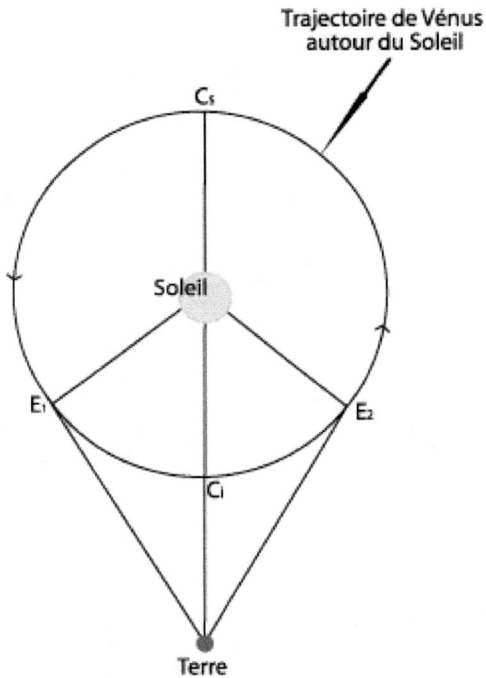

E1 et E2 sont les élongations maximales de Vénus vue depuis la Terre E1 correspond à l'étoile du matin, et E2 à l'étoile du soir.

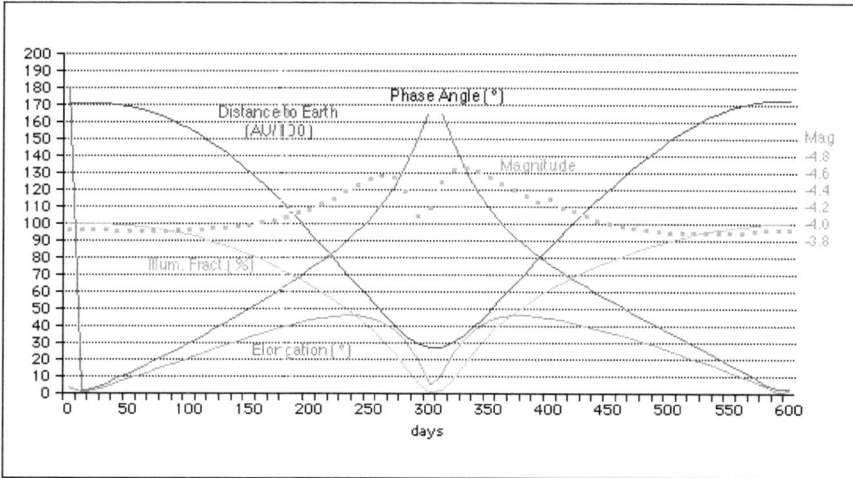

Variation de la luminosité (Mag) apparente de Vénus

Cette luminosité varie aussi dans une moindre mesure en fonction des orbites pas tout à fait circulaires et centrées de Vénus et de la Terre, de l'inclinaison du plan de l'écliptique, de la nutation et de la précession.

Tenant compte de ces paramètres, en plus du cycle de 584 jours, on note des augmentations remarquables de luminosité de Vénus environ tous les 8 ans, tous les 40 ans, tous les 200 ans et tous les 1000 ans.

Voici un tableau illustrant les variations de magnitude apparente de Vénus au cours de 8 années consécutives.

On constate un pic la première année.

Year	Position	Brightness	Rising time before sun	Declination
1	Morning	99.5%	24 min.	−23:16
2	Morning	36%	254 min.	−13:02
3	Evening	86%	–	–
4	Morning	91%	126 min.	−20:07
5	Evening	17.5%	–	–
6	Evening	97.5%	–	–
7	Morning	72.3%	224 min.	−15:11
8	Evening	63.2%	–	–

Vénus est le troisième astre le plus brillant dans notre ciel, et, avec le Soleil et la Lune, le seul autre à projeter une ombre sur terre. Cette planète tourne aussi « la tête en bas ». On dit qu'elle est rétrograde. Ce terme est aussi utilisé pour des astres qui semblent rebrousser chemin pendant leur course dans le ciel.

L'atmosphère de Vénus est constituée d'une double couche nuageuse persistante. La rotation « rétrograde », cette double couche nuageuse et la composition de l'atmosphère font que la lumière du soleil réfléchie par Vénus nous parvient polarisée circulaire lévogyre.

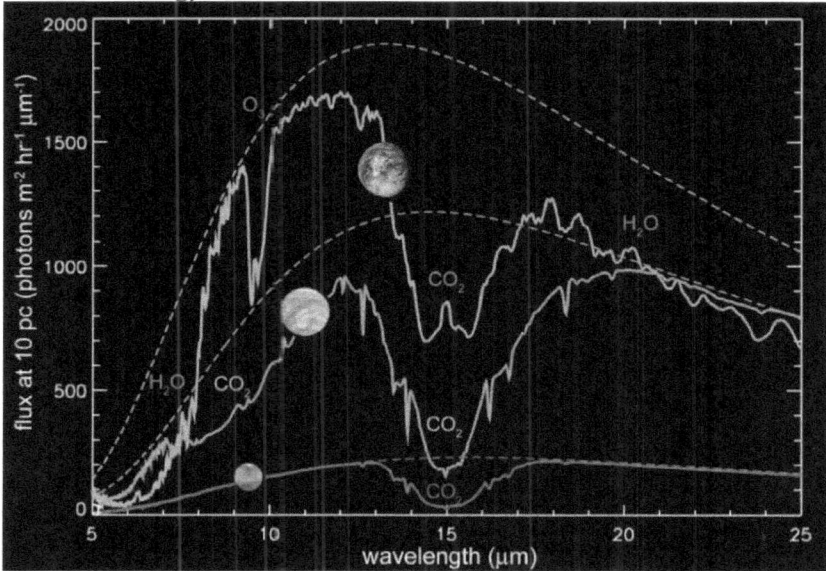

Spectre de la lumière reçue de Vénus comparé à celui de la Terre
(Bleu = La Terre, Orange = Vénus et Rouge = Mars)

ATMOSPHÈRES PLANÉTAIRES

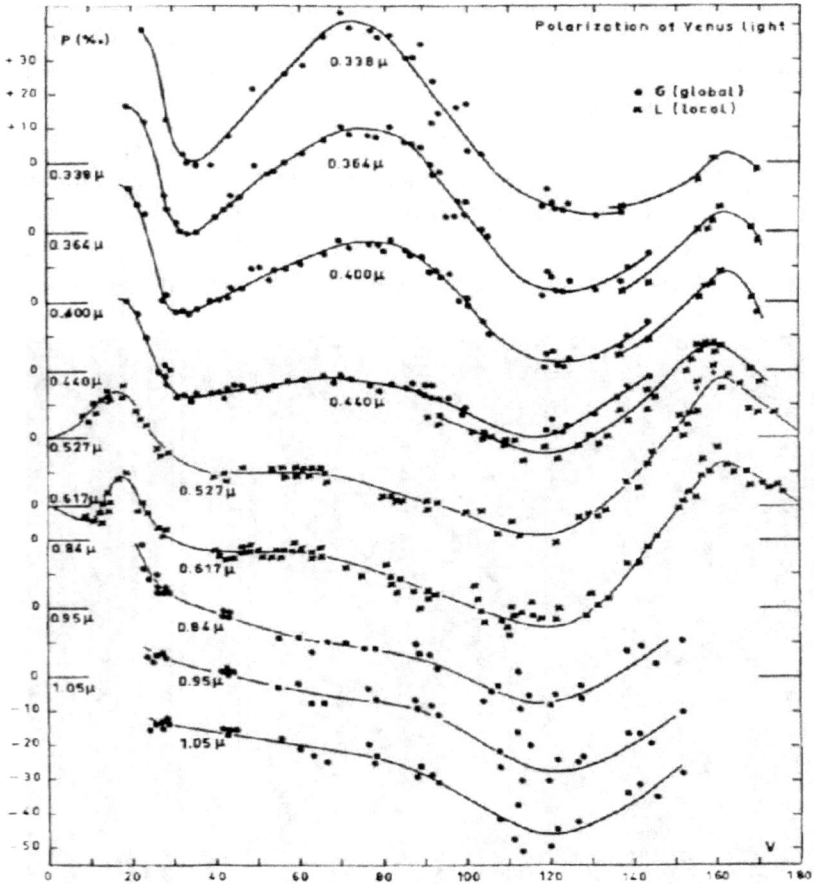

L'angle de polarisation de la lumière venant de Vénus en fonction de l'angle d'incidence de cette lumière. Notez que la polarisation devient négative pour certaines longueurs d'onde et pour certaines valeurs d'angle (120° pour les longueurs d'onde de 0,95 et 1,05 μm). Ref : Dolfus et Coffeen, 1970

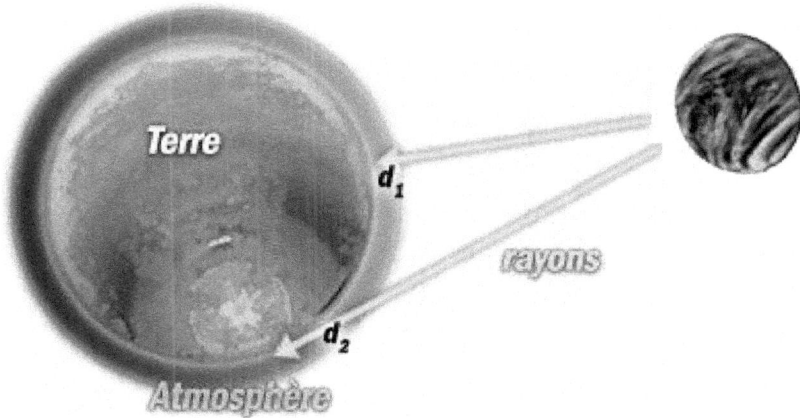

Gauquelin avait ainsi mis en évidence un effet lié à l'angle d'incidence de la lumière venant d'un astre sur les caractéristiques du bébé, mais sans se poser de question sur la raison de cet angle.
On notait en fait deux types d'angles, le plus tangent, et le plus normal (perpendiculaire), comme sur le schéma ci-dessus.

Alors, l'homme de l'antiquité aurait-il compris que Vénus était différente des autres astres, qu'elle n'influençait pas le caractère, mais bien l'intelligence et la faculté de percevoir l'avenir, à mieux « sentir » ce qui allait arriver ?

Alexandre le Grand, Jules César, Léonard de Vinci, Nikola Tesla, Einstein, Steve Jobs seraient-ils nés sous Vénus ?

Qu'avaient-ils de si particulier pour parvenir à réaliser tant de choses en si peu de temps ?

Voici en tout cas qu'a dit ce fameux Nikola Tesla

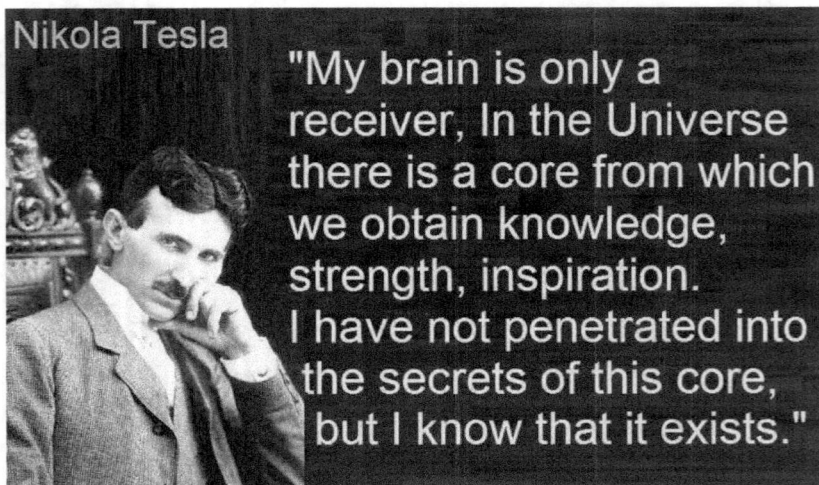

Nikola Tesla

"My brain is only a receiver, In the Universe there is a core from which we obtain knowledge, strength, inspiration. I have not penetrated into the secrets of this core, but I know that it exists."

Mon cerveau est seulement un récepteur. Dans l'Univers, il y a une source de laquelle nous obtenons le savoir, la force, l'inspiration. Je n'ai pas accès au secret de cette source, mais je sais qu'elle existe.

10 Lumière polarisée

La lumière est composée d'une onde électromagnétique qui se propage dans l'espace selon une certaine direction. On parle de photon quand la longueur de cette onde correspond à celle du spectre visible (380 à 780 nm). Le déplacement est caractérisé par une longueur d'onde, une polarisation et un spin. La longueur d'onde correspond à la distance séparant deux points d'amplitude identiques.

L'amplitude est la hauteur de la sinusoïde représentant l'onde.

La polarisation peut être linéaire, circulaire ou elliptique.

Elle est linéaire quand le champ électrique, perpendiculaire au plan de propagation de l'onde magnétique, est orienté de manière cohérente, restant toujours dans le même plan.

La polarisation est circulaire lorsque les photons sont de deux longueurs d'onde polarisées linéairement, mais décalées de 90° et qu'une longueur d'onde est retardée dans le temps par rapport à la position de l'autre.

En fonction du décalage et du sens de rotation du vecteur résultant, on parlera de polarisation circulaire lévogyre (gauche), ou dextrogyre (droite) comme en physique avec la règle du tire-bouchon.

Si l'amplitude d'une des longueurs d'onde est différente de l'autre, on parlera de polarisation circulaire elliptique.

Le schéma ci-dessous montre une onde quelconque passant au travers d'un réseau de fente verticales. Ne passent au travers que les photons qui évoluent dans un plan vertical.
Il s'agit d'une polarisation linéaire.

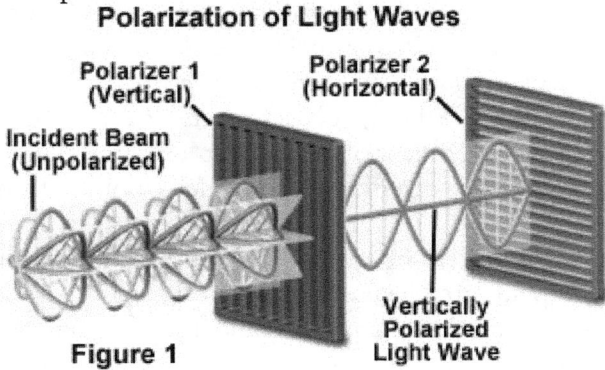

Polarization of Light Waves

Figure 1

Le schéma ci-dessous montre la rotation du vecteur électrique autour de l'axe de propagation, ce qui donne une polarisation circulaire ou elliptique.

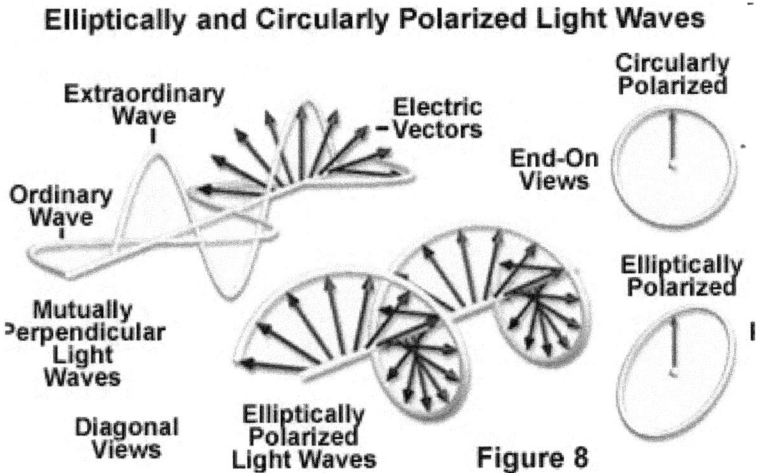

Elliptically and Circularly Polarized Light Waves

Figure 8

La polarisation négative ne s'observe pas sur Terre, mais bien dans l'espace.

La Lune, Vénus et la plupart des astres délivrent une lumière polarisée négative à certains moments de leur cycle.

La Lune émet cette polarisation négative avant et après la phase de pleine Lune, et Vénus juste avant son élongation maximale, c'est à dire quand sa magnitude est au maximum

La polarisation négative a des vibrations privilégiées parallèles au plan d'incidence.

Wolff a démontré en 1975 que cette polarisation apparaît quand la lumière se réfléchit sur une surface percée de micros cavités d'un diamètre légèrement supérieur à celui de la longueur d'onde de la lumière qui s'y réfléchit.

Voir « La Polarisation de la lumière et l'observation astronomique » de Jean-Louis Leroy, p 79.

11 Les Axions

Lorsque des particules pénètrent notre atmosphère et traversent les différentes couches magnétiques, elles peuvent se décomposer en d'autres particules.

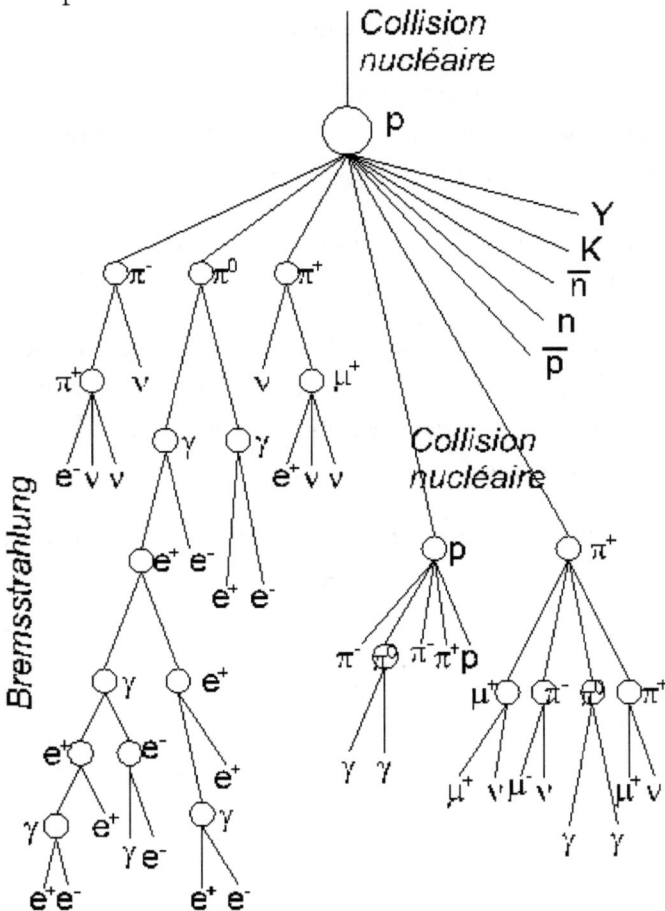

Un proton peut ainsi se décomposer en les particules suivantes:

- neutrons
- autres protons
- mésons pi neutres
- mésons pi chargés
- antiprotons
- antineutrons
- mésons lourds
- hypérons
- rayons gamma
- positrons
- électrons
- neutrinos

Depuis quelques années, les savants pensent qu'il existe une autre particule, qu'ils nomment axion.

Elle viendrait des photons qui seraient soumis à de forts champs magnétiques.

Ils pensent que les photons émis par des étoiles se changent en grande partie en axions lorsqu'ils traversent l'univers. Les axions, comme les neutrinos, peuvent traverser la matière.

Ils gardent les mêmes caractéristiques de longueur d'onde et de polarisation que les photons.

Si on les soumet à nouveau à un fort champ magnétique, ils pourraient redevenir des photons.

Le CNES a créé le projet CAST pour essayer de capter des axions venant du soleil.

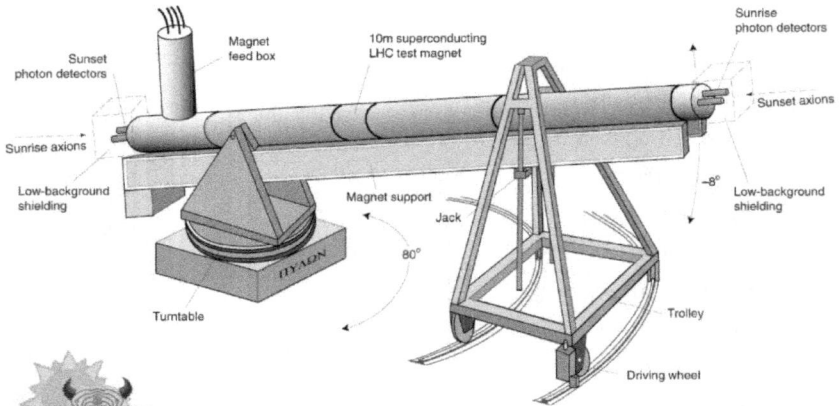

Cern Axion Solar Telescope

Les chercheurs devant le capteur à Axions.

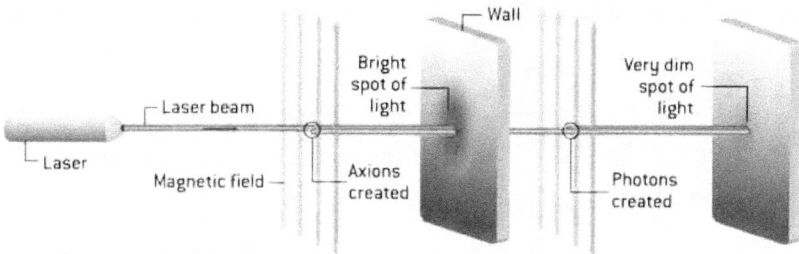

Des photons transformés en axions au moyen d'un fort champ magnétique peuvent traverser une paroi opaque en conservant les caractéristiques de leur état initial, puis redevenir des photons si besoin en subissant une conversion inverse.

12 Que se passe-t-il dans notre cerveau ?

12.1 Les microtubules

Les microtubules sont de petits tuyaux présents dans les cellules des plantes et des animaux. Elles sont constituées de molécules de tubulines. Ces molécules sont des polymères pouvant avoir deux états, alpha et bêta. Ce sont donc des dimères.

Les microtubules peuvent jouer plusieurs rôles:

- transporter des molécules
- jouer le rôle de squelette de nos cellules, reliant les centrioles qui sont leur « centre de coordination » et les parois des cellules
- émettre et recevoir de l'information (biophoton, ondes gravitationnelles, effet casimir, etc..).

Les neurones de notre cerveau contiennent aussi des microtubules.

Voici schématiquement l'aspect d'un neurone :

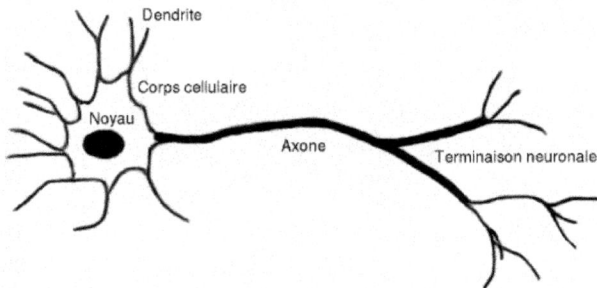

Voici une vue d'un vrai neurone. On constate que les dendrites sont beaucoup plus nombreuses et beaucoup plus longues.

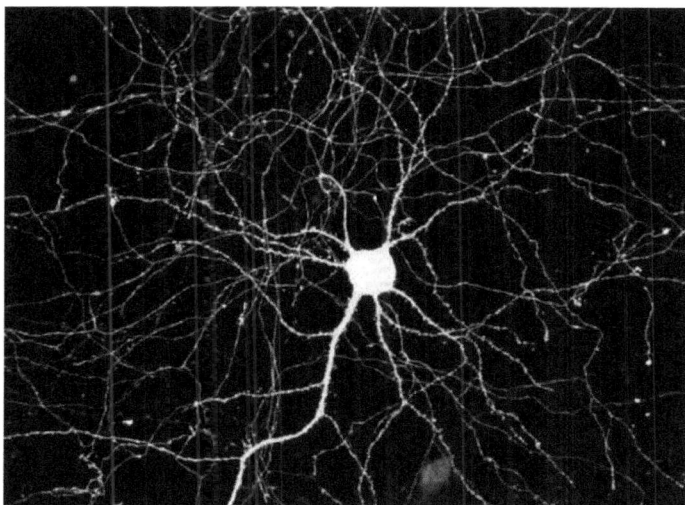

Il existe différents types de neurones, et aussi différents types de signaux émis par ceux-ci.

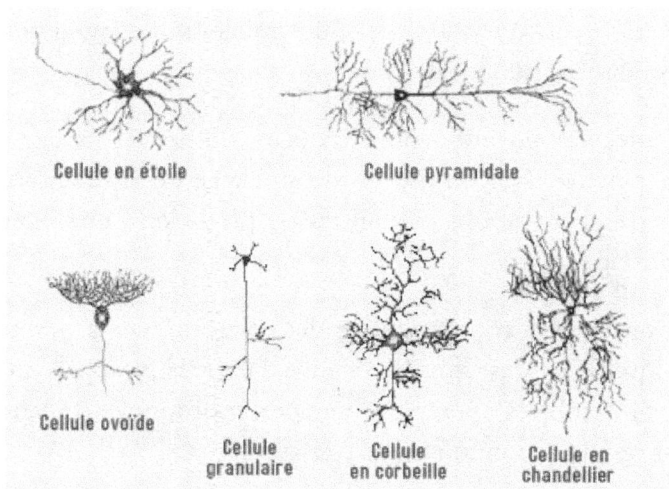

Cellule en étoile   Cellule pyramidale

Cellule ovoïde

Cellule   Cellule   Cellule en
granulaire   en corbeille   chandellier

La coupe ci-dessous montre l'organisation et la concentration des microtubules situés dans notre cerveau et plus précisément dans un neurone.

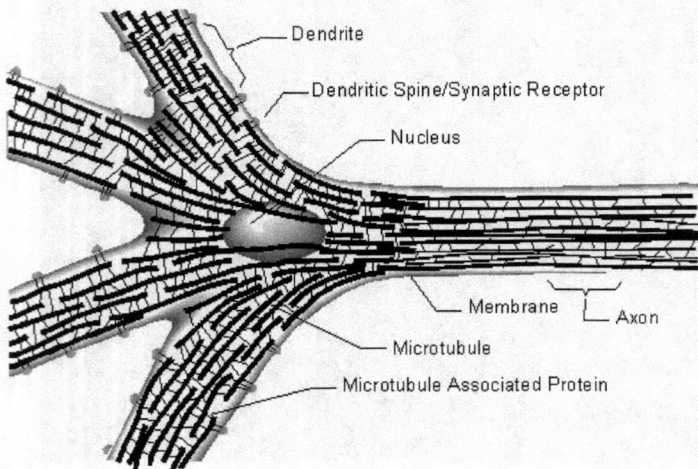

Il y a environ 10.000 microtubules par neurone (pour 100 milliards de neurones dans notre cerveau et 300 molécules de tubuline par microtubule), soit un total de 300 millions de milliards de molécules de tubuline.

Chaque molécule pouvant avoir deux états, on peut penser que ces molécules peuvent être un moyen de stockage de la mémoire, ou comme le pensent certains biologistes ou physiciens, une interface avec la conscience.

En effet, une observation attentive des microtubules a permis de constater que l'état des dimères change sans raison apparente. Ce changement semble s'opérer de manière coordonnée, créant des « pattern » réguliers comme montré ci-après :

Voici une coupe dans un de ces microtubules :

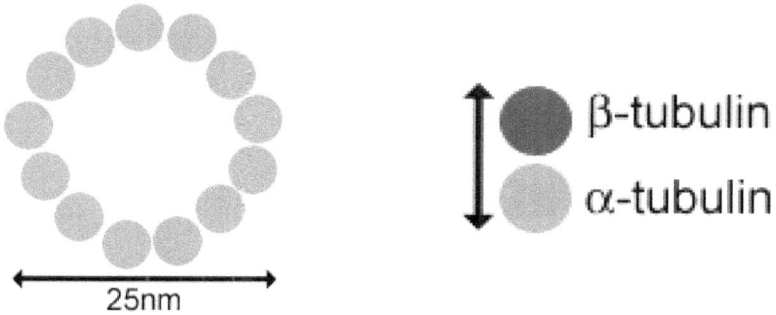

25nm

β-tubulin
α-tubulin

Chaque cercle représente une molécule de tubuline, pouvant adopter deux états alpha et bêta, représentés ici par deux couleurs différentes.

On parle de force de London et de Van der Waals

http://deathbylollipop.com/forum/index.php?topic=567.0

12.2 Les Centrosomes

Les centrosomes sont les « centres organisateurs » des cellules animales. Il y en a généralement deux par cellule.

Les centrosomes sont faits de deux centrioles disposés perpendiculairement.

Voici une coupe dans un centriole.

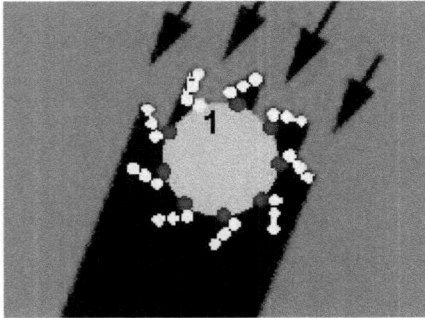

Le centriole est composé de 9 « stores vénitiens » disposés en pales tangentes. Chaque pale est composée de trois microtubules. La longueur d'un centriole est donc égale à celle d'un microtubule (environ 100 nm).

Cette disposition permet de savoir d'où vient une information. Comme on le voit sur le dessin ci-dessus, si un rayonnement arrive sur le centriole, celui-ci ne pourra pénétrer à l'intérieur que par le point marqué (1).

Ainsi, le centriole sait d'où vient cette information, en tout cas de quel plan orienté dans l'espace.

Il se fait que les centrosomes sont composés de deux centrioles disposés perpendiculairement.

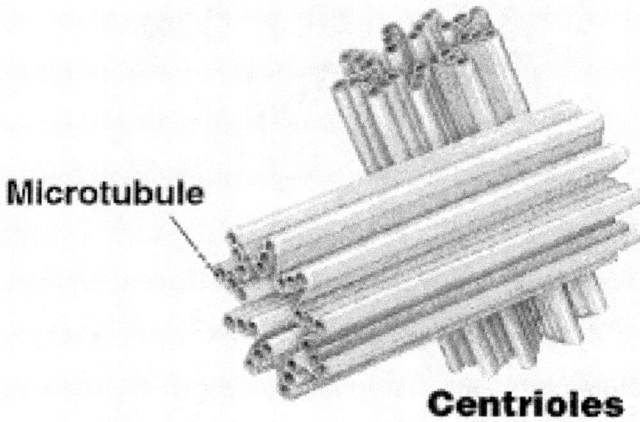

Centrosome

Cette disposition permet d'améliorer le système de mesure de l'origine d'un rayonnement.

En effet, chaque centriole sachant déterminer de quel plan provient un rayonnement, l'intersection des deux plans permet de connaître la direction précise d'où vient l'information (a priori un biophoton. Voir 12.4).

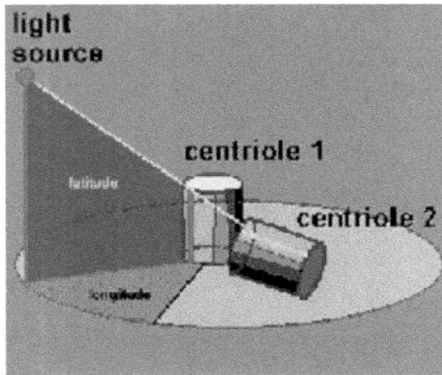

Ce rayonnement est plus que probablement lumineux, mais peut aussi être composé d'autres particules ou de force magnétiques ou gravitationnelles.

D'après Albrecht-Buehler, le centrosome est la partie la plus mystérieuse de la cellule.

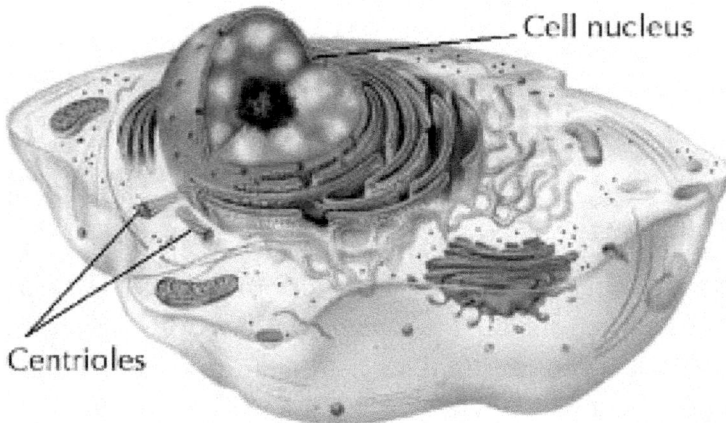

Coupe dans une cellule montrant où se situent les paires de centrioles formant un centrosome.

Les neurones ne possèdent paradoxalement pas de centrosomes.

Il est important de constater que les éléments constituants des centrosomes sont des microtubules. Les centrosomes savent capter de l'information. On peut donc en déduire que les microtubules aussi, sauf qu'ils ne savent pas établir aussi facilement d'où elle vient.

12.3 Les Biophotons

Fritz-Albert Popp a démontré que les cellules émettent des photons, dans les longueurs d'onde comprises entre 200 et 800 nm. Ces émissions seraient sans doute captées par les centrosomes, des centrioles ou des microtubules et pourraient représenter un langage de communication intracellulaire et extracellulaire. Popp a même démontré que ces émissions sont transmises et comprises entre éléments vivants, comme des plantes par exemple.

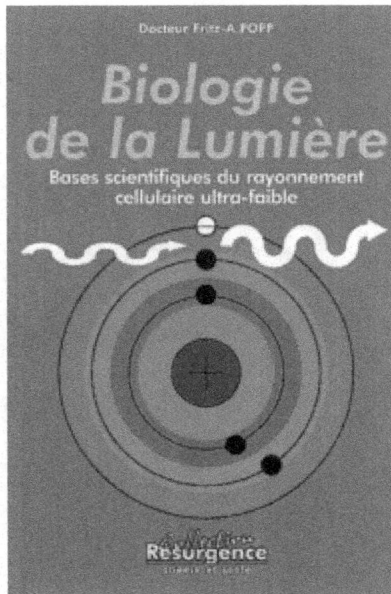

12.4 Planète et destinée ?

Nous avons vu dans les premiers chapitres qu'il existe dans notre antiquité, dans nos religions, dans l'architecture des mégalithes, des temples, des palais, des églises et des cathédrales, des indices pouvant laisser croire qu'une relation avait été faite entre certaines aptitudes d'un être humain et la position de certaines planètes lors de sa naissance. L'aptitude qui nous intéresse ici est celle du Saint-Esprit, de la clairvoyance. Vénus semble être la candidate idéale pour fournir ces particules, aussi bien pour des raisons historiques expliquées ci avant, que pour des raisons optiques, astronomiques et magnétiques.

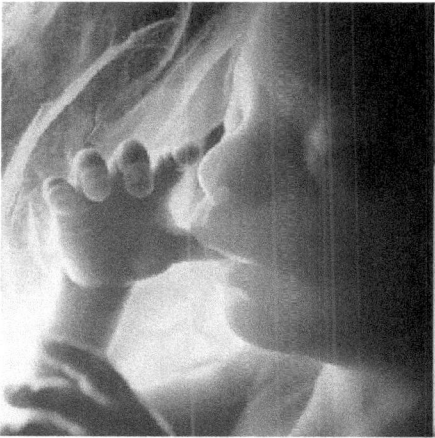

À la naissance, le corps du bébé se trouverait un bref instant plus sensible à l'exposition des particules polarisées venant de Vénus, et leur effet perdurerait pour toute la durée de la vie de cette personne, un peu

comme une plaque photographique qui a été exposée à la lumière

Il se peut que les molécules modifiées puissent aussi être influencées par la configuration des autres planètes, mais nous abordons alors le domaine de l'astrologie tant controversé dans lequel nous nous réservons à ce stade de pénétrer et de prendre position.

Pour ceux que cela intéresse, l'astronomie expérimentale se base sur l'observation des effets des planètes par des méthodes statistiques, et présente dès lors une démarche un peu plus cartésienne et objective que l'astrologie populaire.

.

Rappelons qu'il est établi que c'est le bébé qui décide de l'heure de sa naissance, par des moyens qu'on ne s'explique pas encore.

Se pourrait-il réellement que le bébé soit au courant de la position des planètes et attende une bonne configuration ?

Gauquelin avait noté une disparition des traits de caractère liés aux configurations des planètes lors de naissances provoquées.

> *On pourrait en déduire que les réactions chimiques se produisant dans le cerveau au moment de la délivrance sont aptes à favoriser l'exposition des cellules aux effets de ces planètes.*

Partie C

Prémonition, Clairvoyance et OVNI

13 Pourquoi des OVNIS ?

De tout temps, l'homme a vu des choses étranges dans le ciel.

Ezechiel dépeignait d'étranges véhicules 600 ans avant Jésus
Christ.

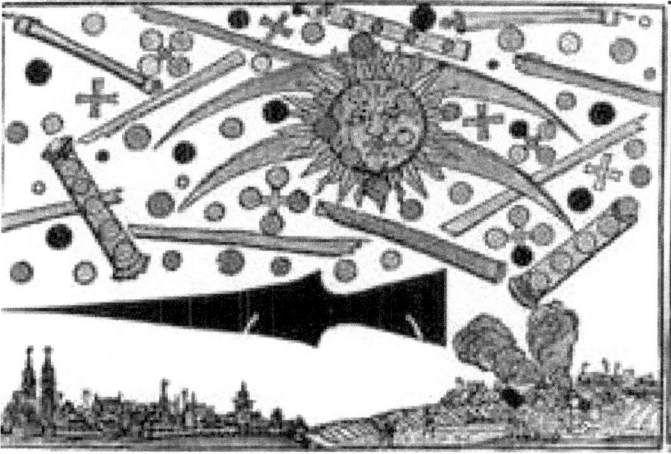

Au moyen âge on assista à des combats aériens entre des soleils noirs, des cylindres colorés et des fers de lance.

Ici ce sont des sphères blanches et noires

Au 19e siècle, des bateaux volants ont été vus en Europe et aux États-Unis. L'un d'eux se serait même écrasé après voir cogné le clocher d'une église. Son pilote aurait été tué par les habitants du village et le bois de son bateau réutilisé pour faire des cages à poules!

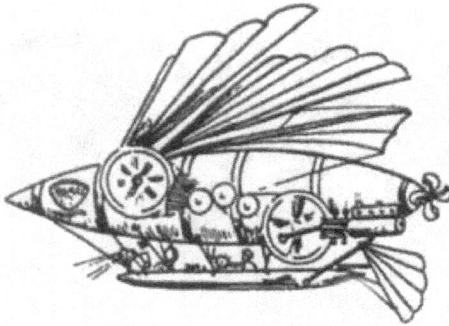

Après la Deuxième Guerre mondiale, des centaines de fusées fantômes ont traversé le ciel de Norvège et de Suède.

Depuis, ce sont des dizaines de milliers de soucoupes volantes, de cigares, de sphères et de triangles volants qui sont aperçus aux quatre coins du monde.

Certains auteurs comme Carl Gustav Jung, Jacques Vallée et Bertrand Meheust ont essayé de relier ce phénomène à notre psyché, sans trop de succès auprès de leurs collègues scientifiques.

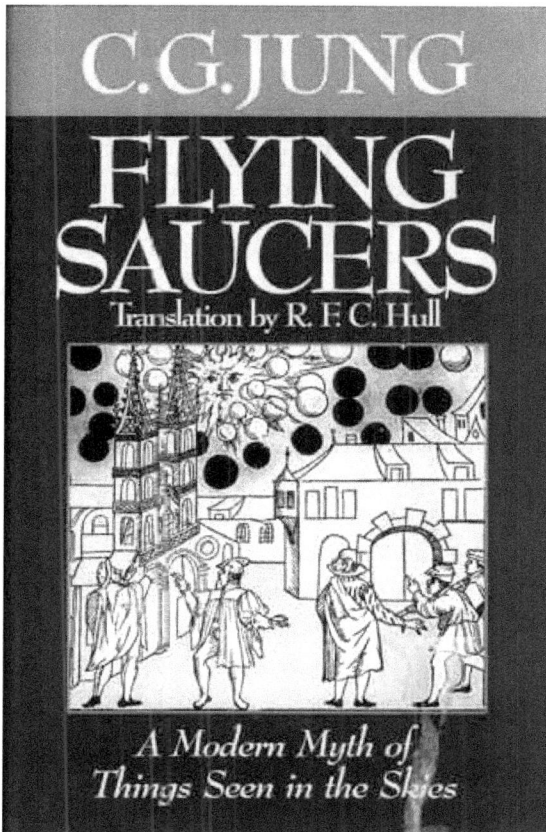

Jung a démontré la ressemblance entre le contenu des rêves de ses patients et les observations de soucoupes volantes.

Vallée a tenté de démontrer l'absurdité du comportement de la plupart des ovnis et Méheust a trouvé des parallèles entre les illustrations de science-fiction et des observations d'OVNI faites des années plus tard par d'autres personnes.

Il y a presque autant de formes d'OVNI que de témoignages. Cela devrait porter à croire que nous sommes visités par des milliers de civilisations, utilisant toutes des technologies différentes.

Les OVNIS vont aussi du pur véhicule fait de tôle et de boulons à des formes éthériques capables de disparaître sur place.

Nos trois écrivains cités ci-dessus postulent que les OVNIS sont plus liés à un phénomène qui nous dépasse complètement qu'à des visiteurs de l'espace.

Jung pensait que les OVNIS étaient le fruit de nos émotions, le résultat d'un mythe crée par l'homme sans qu'il s'en rende compte.

Jacques Vallée

Vallée pense que c'est un phénomène sensé agir sur l'humanité, lui faire douter de la science, la diriger vers la philosophie ou la faire changer de point de vue sur les extraterrestres. Méheust croyait qu'en fonction des modes des écrivains de fictions, des stéréotypes s'incrustaient dans notre mémoire et que nous les faisions ressurgir inconsciemment plus tard dans notre réalité en tant que phénomènes paranormaux.

François Favre pense plus globalement que notre cerveau est capable de nombreuses manifestations physiques et lumineuses, en plus d'être une vraie machine à voyager dans le futur et de provoquer des rêves prémonitoires.

13.1 Ces hommes qui interagissent avec les OVNIS

Il existe dans le monde des personnes capables de « sentir » la présence d'ovnis, d'autres capables de les faire apparaître par leur propre volonté, avec à chaque fois la possibilité de les prendre en photo.

Certains se concentrent pour les faire apparaître, d'autres ne font rien de spécial, et ne se rendent même peut-être pas compte qu'il existe une relation spéciale entre eux et les OVNIS.

Qu'est-ce qui relie ces OVNIS au cerveau de ces êtres humains ?

Il est difficile et périlleux d'établir des statistiques d'apparition d'OVNI. Il faut tenir compte de la densité démographique, de la mentalité des gens, du niveau de stress ou de peur de la population, car tout cela semble influer sur les apparitions.

Passage lent de centaines de lumières dans le ciel de Guadalajara en juin 2004

13.2 Quel est le lien entre clairvoyance et OVNI ?

Notre théorie est que ces apparitions inexpliquées dans notre ciel sont produites par un phénomène qui utilise les mêmes particules que celles qui influencent les bébés à leur naissance, des particules capables de modifier l'état dimérique des molécules de tubulines présentes dans nos microtubules ou nos centrioles.

Est-ce aussi par ce biais que nous sommes télépathes ou clairvoyant et que nous pouvons même faire de la précognition, et même plus, interroger des personnes ou voir des objets à des dates passées ou même futures ?

Quelle est donc cette onde, cette particule qui peut relier des objets et des êtres et même transmettre de l'information en faisant abstraction de la barrière du temps ?

Nous n'avons pas la réponse. Nous avons essayé dans ce livre de présenter une approche qui nous semble possible, tout au moins.

13.3 Références bibliographiques incontournables

Archeologia del Paesaggio Nurragico, Mauro P Zedda

Biologie de la Lumière, Fritz Albert Popp

Ces OVNIS qui annoncent le surhomme, Pierre Vieroudy

Confrontations, Jacques Vallée

Espions PSI, Jim Schinabel

Histoire des rites sexuels, Jacques Marcireau

L'astrologie et le pouvoir, Henri Stierlin

La polarisation de la lumière et l'observation astronomique, Jacques Leroy

Le Chronoviseur, Enquête sur un secret du Vatican, Père François Brune

Le dossier des influences cosmique, Michel Gauquelin

Le Livre d'Hiram, Christopher Knight & Robert Lomas

Les tables astronomiques de Louvain 1528, Henry Baers

Pénétration, Ingo Swann

Rituels et Mystère des Rois Divinisés, Henri Stierlin

Un Mythe moderne, Carl Gustav Jung

Partie D

Le projet « STARGATE »

14 L'équipe du projet

PROJECT STAR GATE

SECRET NOFORN LIMDIS

De 1970 à 1988, la CIA, la DIA, l'armée américaine, le Pentagone, le Congrès américain, la NSA et encore bien d'autres ont utilisé secrètement les services de quelques hommes capables de « voir » aussi bien à distance que dans le passé et le futur! Le projet avait été commandé au SRI, le Stanford Research Institute.

Dale Graff, Ingo Swann, Stephan Schwartz, Hal Puthoff, James Spottiswoode, Edgar Evans Cayce, Henry Reed, Paul Smith, Russell Targ.

Leur grande force était d'avoir mis au point une méthode reproductible, qu'ils ont nommée CRV, pour Controlled Remote Viewing.

Voici les différentes entités d'espionnage qui ont financé le développement des techniques développées au SRI :

Gondola Wish - ARMY INSCOM - *1977-79*

Grill Flame - ARMY INSCOM & AMSAA - *1979-1983*

Center Lane - ARMY INSCOM - *1983-85*

Dragoon Absorb - ARMY INSCOM & DIA - *1985-86*

Sun Streak - DIA - *1986-1990*

Star Gate - DIA - *1990-95*

L'auteur a personnellement été formé à ces méthodes par Russell Targ et Paul Smith, deux membres de l'équipe visibles sur la photo du groupe, à droite de la photo précédente.

Russell Targ

Paul Smith

Jacques Vallée était présent dans l'équipe à ses débuts.

Incarné par François Truffaut dans « Rencontre du troisième type, il a suggéré que le héros perçoive par clairvoyance l'endroit où allaient se poser les extraterrestres.

15 Ce qu'il faut pour faire une séance de CRV

- Un moniteur pour guider la séance

- Un « Remote Viewer » qui va recevoir les impressions

- Une enveloppe contenant la cible

- Une cible qui peut être des coordonnées, une photo montrant une personne ou un endroit ou un objet

- Une feuille de papier divisée en deux colonnes (voir 17)

16 Comment ressentir la RV ?

Lorsqu'un remote viewer a identifié la cible, ce qui lui vient à l'esprit sont les éléments forts, chargés d'importance ou d'affects pour la cible.

Ces informations apparaissent dans notre tête, sous forme d'impressions fugaces, qui viennent et disparaissent aussi vite qu'une étoile filante. À peine vue, elle a disparu.

Dans le cas d'un lieu, il peut se rajouter des éléments du passé ou du futur, disparus ou pas encore construits au moment de l'expérience

Pour une personne, les objets ressentis autour de lui seront ceux qui ont de l'importance pour lui, c'est de l'affectif.

Les informations proches de celle recherchée peuvent aussi survenir par « contagion » de proximité dans le cerveau, ou l'endroit où cette information est stockée si ce n'est pas dans le cerveau (et on serait tenté de le croire).

Tout cela fait penser à la manière dont on se souvient parfois de nos souvenirs.

Ne pas intellectualiser

Lors d'une séance, il faut toujours éliminer les informations qui émanent de l'intellect, du genre : « cela ressemble à ceci, c'est comme cela, cela me rappelle machin... etc. ».

On utilise un truc pour ce faire ; dès qu'une intervention de l'intellect est détectée par le remote viewer, on écrit dans la colonne de droite ce qu'on a interprété ou assimilé à un objet ou à un lieu. Il faut à tout prix éviter d'intellectualiser, de croire savoir quel est l'objet à trouver pendant le début de la séance.

Si on voit une Coccinelle jaune en début de séance, ce ne sera, plus que probablement, pas cela, car il est rare d'obtenir tant d'information en une impression fugace.

Les données viennent attribut par attribut, rarement toutes en une fois.

Si on distingue des formes courbes, du jaune, une roue et un emblème de Volkswagen en première partie de séance, on pourra en fin de séance, lors du débriefing, penser qu'il s'agit d'une Coccinelle jaune.

La RV serait peut-être liée à une perception subliminale, donc a fortiori TOUJOURS fugitive. En effet, les informations arrivent presque toujours sous forme de sensations très rapides, qui ne durent vraiment pas longtemps, sur lesquelles la pensée ou la volonté n'ont pas de prise.

Elles ne se rapportent bien souvent qu'à une seule caractéristique de la cible.

17 Comment prendre des notes pendant la RV ?

Il faut tracer une ligne verticale séparant une page en deux colonnes.

La colonne de gauche servira à notre les impressions fugitives et celle de droite ce qu'on pense avoir intellectualisé ou ce qui revient de manière récurrente dans l'esprit et parasite la session. Le noter permet de mieux pouvoir s'en défaire.

Il faut absolument noter tout ce qui passe dans la tête, son, mot, forme, mouvement…

Il est plus facile de dessiner les formes que de les décrire.

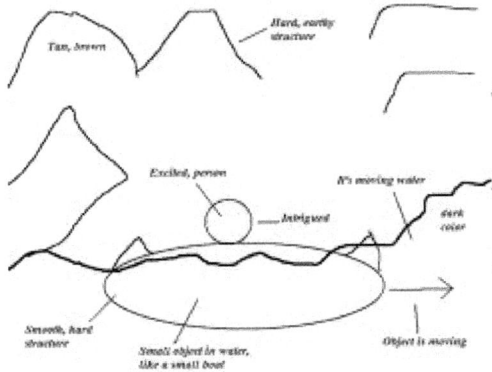

Exemple de prise de notes

18 Déroulement d'une séance typique

Le moniteur décide de travailler en simple ou en double aveugle. En simple aveugle, il connaît la cible ; en double aveugle, la cible est tirée au sort. Il vaut toutefois mieux savoir si la cible est un objet, un endroit ou une personne. Le mieux en double aveugle est de tirer au sort dans une série d'enveloppes contenant le même genre de cible.

Tout d'abord, on essaye de se relaxer. On respire une ou deux fois à fond, et on arrête de discuter avec son voisin.

Étape 1: l'esprit est complètement ouvert pendant une minute et attend les impressions fugitives. Cela peut être des idéogrammes, des sensations, les grandes lignes directrices. Cela peut être tout et rien
Le moniteur décide du temps imparti à chaque étape. Trois minutes par étape semble un bon timing. S'il connaît la cible, il doit faire très attention à ne pas orienter les suggestions dans les étapes suivantes.

Étape 2: on va se focaliser sur les perceptions sensorielles pendant quelques minutes. Le moniteur va suggérer des attributs en fonction du type de cible connue. Pour un objet, faire se demander si la cible est petite ou grande, immobile ou en mouvement, horizontale ou verticale, froide ou chaude, lisse ou rugueuse, molle ou dure, noire, blanche ou de couleur, si elle sent quelque chose, etc.

Étape 3: on tente de dessiner l'ensemble. Ses formes et ses détails si c'est un objet, ou l'endroit vu de haut si c'est un endroit.

Étape 4 : on effectue avec l'aide du moniteur une recherche méthodique d'attributs supplémentaires. Le moniteur va citer divers attributs : léger/lourd, ancien/récent, lent/immobile/rapide, lisse/rugueux, froid/chaud, etc.

En général on s'arrête ici, et avec l'aide du moniteur, lors du débriefing, chacun à son tour va décrire ce qu'il a noté et essayer de deviner ce qu'est la cible. Quand tout le monde a terminé de parler, le moniteur montre la cible et on peut rediscuter des sensations éprouvées et de leur pertinence.

Pour les vrais cas, on peut continuer avec les étapes suivantes : étape 5: on recherche des détails spécifiques étape 6: on essaye de réaliser une vue en 3D de la cible étape 7: on essaye de trouver le nom de la cible. C'est souvent difficile vu que les noms, comme les chiffres, sont souvent rangés loin de la mémoire des attributs d'objets, si pas, comme on dit, dans l'autre hémisphère.

19 Quelle méthode de relaxation utiliser ?

Une séance typique se décompose en plusieurs étapes :

Tout d'abord, on essaye de se relaxer. On respire une ou deux fois à fond, et on arrête de discuter avec son voisin.

Beaucoup de méthodes sont disponibles.

Certains se concentrent tout simplement, même en pleine lumière, pour autant qu'ils ne soient pas dérangés par des bruits avoisinants.

D'autres recourent à la technique de la projection astrale, demandant à leur double de se rendre à la cible.

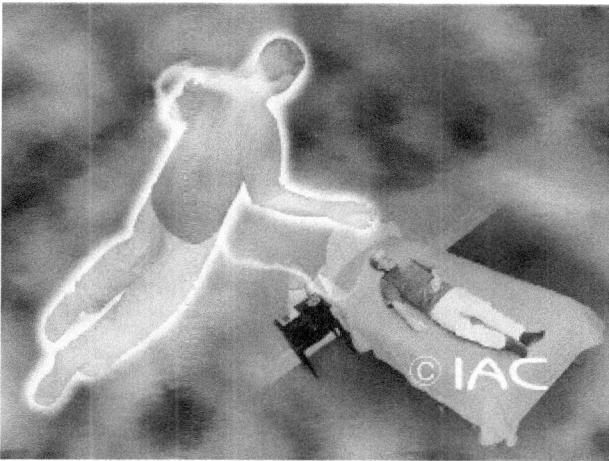

D'autres utilisent l'hypnose

D'autres encore préfèrent l'écriture automatique.

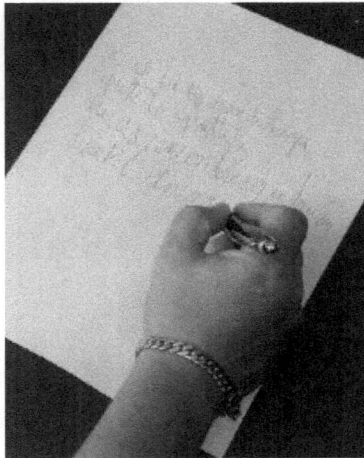

20 Peut-on deviner les chiffres gagnants du Lotto ?

Il se passe un phénomène étonnant avec les jeux de hasard, ou plutôt l'argent, ou même encore l'honnêteté. Si l'information à obtenir interfère avec notre morale, nos principes, même inconscients, elle sera beaucoup plus difficile à obtenir, si pas impossible.

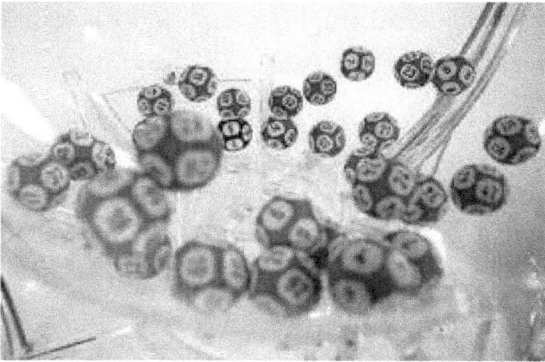

Des voyants ont été capables de trouver le numéro gagnant à la roulette du casino, mais seulement s'ils ne jouaient pas d'argent ; dès lors qu'ils jouaient pour de l'argent, ils ne voyaient plus rien. Il s'est passé la même chose pour trouver des gisements de pétrole. Quand ils le faisaient gratuitement cela fonctionnait, mais une fois un contrat de rémunération signé, leur pouvoir a disparu. Mais cette règle n'est pas absolue.

21, *Mais où donc est l'information ?*

Lorsqu'un moniteur reçoit une enveloppe contenant une cible, il n'est pas nécessaire que le moniteur ouvre cette enveloppe, ni même qu'il la montre au Remote Viewer.

Il suffit au moniteur de savoir que l'information s'y trouve.

On peut ainsi travailler en simple aveugle, en double aveugle ou même en triple aveugle!

En simple aveugle, le moniteur sait ce qui se trouve dans l'enveloppe.

En double aveugle, le moniteur ne sait pas ce qui se trouve dans l'enveloppe (tirage au sort)

En triple aveugle, personne ne sait ce qui a été mis dans l'enveloppe (cas où c'est un ordinateur qui sert d'enveloppe, et qui décide lui-même ce qu'il va afficher à l'écran en fin de session de CRV)

Une recherche faite via des coordonnées géographiques ne nécessite même pas de donner ces coordonnées au remote viewer. On peut très bien les échanger par des symboles sans signification. Il suffit que l'initiateur de la demande, sans doute un agent de la CIA à 1000 km de là, sache quelles étaient les ce ordonnées au départ.
C'est comme si l'information devenait disponible dans le monde entier et transmise de manière subtile par tous les maillons (homme ou objet) qui transportent l'objet.

Exemple:

La photo d'un homme est glissée dans une enveloppe. L'enveloppe est fermée. Sur l'enveloppe, une date est inscrite. Le Moniteur lit la date, et va faire en sorte que le remote viewer « trouve » la cible (l'homme sur la photo) là où il se trouvera à la date inscrite, que cette date soit dans le passé ou dans l'avenir. Le remote viewer pourra « interroger » la cible, comme en télépathie.
Cela semble pouvoir fonctionner même si la personne est décédée.

Ceux qui parlent aux animaux semblent faire de même. À la limite, l'animal ne sait pas qu'il répond.

Par contre, si la personne meurt dans le futur, il ne sera plus possible de la « voir », elle aura comme disparu après la date de son décès.

C'est la même règle pour un bâtiment, mais un peu plus subtile. On peut « voir » le bâtiment dans le temps, mais en fonction de la manière dont on se connecte dessus, on peut perdre sa trace. Si l'on se connecte sur le bâtiment en fonction de son statut, une ambassade par exemple, il ne sera plus possible de voir le bâtiment après une certaine date si ce bâtiment perd son statut d'ambassade à cette date.

Lire du texte

Il est aussi très difficile de lire du texte, sans doute parce que la compréhension de l'écriture se trouve localisée dans une aire du cerveau peu accessible au remote viewing, ou faisant trop appel à notre intellect.

22 Tentative d'explication de la prémonition

Un simulateur du futur

Imaginez le monde de la formule 1.

Diverses équipes essayent de mettre au point la meilleure voiture de course du monde. La voiture est entièrement modélisée dans un ordinateur, ses pièces mécaniques, ses systèmes hydrauliques, pneumatiques, ses freins, ses ressorts, etc..

Ensuite les équipes modélisent tous les circuits de la saison et font rouler le modèle virtuel de la voiture sur tous les circuits et par tous les temps possible.

Cela représente des milliers de simulations pour des futurs « possibles ».

Si l'ordinateur détecte que sous telles conditions météorologiques, sur tel circuit, dans tel tournant, la voiture va sortir de la piste, un message est affiché, expliquant qu'il ne faut pas prendre la route avec la voiture sur tel circuit tel jour et s'il pleut.

Le logiciel essaye d'améliorer la probabilité de vie de la voiture réelle en fait, sous-entendu que le modèle virtuel est une réplique du modèle réel.

La prémonition, les rêves prémonitoires, ce serait cela, un processus qui simule nos futurs possibles et nous prévient d'un accident possible si on se rend chez untel en prenant notre voiture, ou si on prend l'avion, ou l'ascenseur tel ou tel jour à tel endroit.

L'effet papillon

La clairvoyance permet de voir le futur plus que probable, en tenant compte de tous les éléments du présent, toutes les intentions de toutes les personnes présentes sur Terre, l'état du matériel et des machines, la proximité des pannes, les probabilités de tremblement de Terre en fonction des pressions présentes dans le sol, les conditions climatiques, etc.

Un battement d'aile d'un papillon au Japon peut être responsable d'un ouragan en Floride.

La clairvoyance peut accéder au futur où se passe l'ouragan, sachant que le papillon a battu des ailes, parce que le hasard n'a rien à voir là-dedans, pas plus que de voir l'assassinat d'un président dans une semaine ou un an si dès aujourd'hui une personne sur terre a commencé à préparer ou à penser à assassiner ce président, et en remontant dans le temps, pensant aux évènements qui vont faire que cette personne va penser à assassiner ce président, à ses parents qui l'on engendré, et ainsi de suite.

ALAIN HUBRECHT

Partie E

Divers - Archéologie

E-1 Les tours rondes d'Irlande

On trouve de multiples monuments de par le monde, dont la fonction nous reste à ce jour encore inexpliquée. Il en va ainsi des pyramides où qu'elles soient, des nuraghi en Sardaigne, des brochs en Écosse, des sesis à Pantelleria, des dolmens dans toute l'Europe, des stupas en Asie, etc..

Il est très difficile de dater précisément la plupart de ces monuments, car ils sont faits de pierre et l'homme n'y a jamais habité ni stocké de la nourriture. Sans restes organiques, gravures ou références écrites de l'époque, l'historien se perd en conjectures.

Mais il est une catégorie proche de nous dont peu de personnes parlent, et qui garde encore son secret, mille ans après sa construction. Il s'agit des tours rondes d'Irlande. Ces tours auraient été construites au Moyen-Âge entre l'an 900 et l'an 1100, mais il n'existe aucun document de l'époque parlant de leur construction. On en dénombre encore 80. On les trouve au milieu d'anciens cimetières de monastères. À l'époque, les monastères étaient tous construits en bois, et il ne reste donc rien aujourd'hui de ces constructions.

Les cimetières étaient exclusivement réservés aux moines du monastère.

Il est étonnant de constater qu'à l'époque ces moines déployaient des efforts conséquents pour construire ces tours et ne se construisaient que des habitations en bois, auxquelles les envahisseurs de l'époque pouvaient facilement mettre le feu.

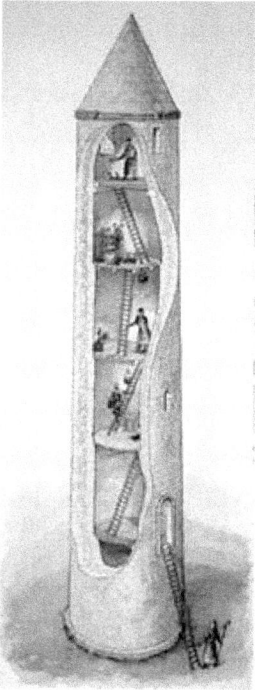

De multiples explications

La première explication qui vient à l'esprit est celle du refuge, pour justement permettre à ces moines attaqués de se réfugier.

Mais alors, pourquoi les avoir construites au milieu du cimetière, à l'écart du monastère même ? On note bien que leur entrée est située entre 3 et 8 mètres de hauteur, mais l'espace intérieur est si restreint qu'on ne saurait y mettre plus de 6 personnes. Alors d'autres ont imaginé que les moines y cachaient leurs richesses, mais là aussi, l'organisation intérieure n'est vraiment pas optimisée pour cela.

Hautes en moyenne de 36 mètres et larges de 5,5 mètres,

l'épaisseur des murs ne laissait que peu d'espace intérieur.

Pourtant, c'est ce que les syndicats d'initiative locaux s'efforcent de faire croire aux touristes, modifiant volontairement les dimensions intérieures de la tour et l'échelle des personnages représentés sur les panneaux explicatifs.

Sur ces panneaux touristiques, au lieu de 1 mètre 30, les murs ne font plus que 40 centimètres et les personnages ne font que 90 centimètres comparés au diamètre extérieur des tours, donnant ainsi l'impression que les tours disposaient de plus d'espace intérieur pour stocker les richesses des moines ou pour s'y réfugier.

Cela démontre l'embarras des autorités locales et autres historiens pour trouver une explication à ces tours qui ont à l'époque marqué par centaines le paysage irlandais.

Un mystère national

À tel point qu'en 1830, l'Académie Royale d'Irlande lança un concours à qui donnerait la véritable explication des tours rondes. Un certain Henry O'Brien rentra une étude très fouillée de ces constructions, intitulée « Les tours rondes d'Irlande, ou les mystères de la Franc-maçonnerie, du Sabaïsme et du bouddhisme ». En résumé, l'étude conclut à un symbole phallique, symbole omniprésent d'après l'auteur, dans la quasi-totalité des religions depuis des temps très anciens. Malheureusement, le concours fut tronqué, sans doute pour ne pas offusquer ces honorables membres de l'académie, et le prix passa sous le nez d'Henry O'Brien.

Ceci pour dire qu'il y a près de 200 ans l'homme se demandait déjà à quoi pouvaient bien servir ces tours. Auparavant, il se contentait de répéter des explications entendues de-ci, de-là sans exercer son esprit critique ni avoir observé ces tours d'une manière plus attentive.

C'est ainsi que les explications les plus diverses furent émises. On a donc d'abord parlé de refuge, de tour de garde, de clocher, et de manière plus intéressante, de lanterne des morts.

Arrêtons-nous un instant sur cette hypothèse. L'idée est de placer une lanterne au sommet de la tour afin que la nuit, les âmes errantes, n'ayant pas compris qu'elles étaient mortes, distinguent au loin cette lumière et s'en rapprochent jusqu'à comprendre que cette lumière se trouve au-dessus d'un cimetière. À eux dès lors de comprendre qu'ils sont morts et doivent rejoindre le paradis.

La raison pour laquelle cette idée est à prendre au sérieux est qu'elle est très répandue. On trouve ainsi en France plus d'une centaine de lanternes des morts, construites à partir du 10e siècle. Les constructions dans ce cas sont plus modestes et beaucoup plus variées dans leurs formes et leurs dimensions.

La seule qui ressemble de près aux tours d'Irlande est celle de Saint-Pierre d'Oléron, mais celle-ci est de construction beaucoup plus récente et on peut penser qu'on s'est inspiré des tours d'Irlande en se basant sur le fait qu'elles étaient des lanternes des morts. Ceci a entraîné une confusion regrettable par la suite, car il a été bien démontré que les tours d'Irlande n'ont pas abrité de lanterne, ni de cloche, et ne servaient pas non plus à faire le guet.

Une autre hypothèse bien défendue est celle du symbole phallique, liée au bouddhisme qui à l'époque est venu faire des adeptes jusqu'en Irlande. Mais alors pourquoi au milieu du cimetière et pourquoi si peu de ressemblance avec un phallus ?

Diverses autres théories liées à de multiples envahisseurs que l'Irlande a connus existent, mais ne sont pas sérieusement étayées et présentent un caractère fantaisiste.

Attaquons-nous maintenant à l'hypothèse la plus récente, celle d'une possible connexion avec des champs d'énergie.

Le spécialiste des réseaux vibratoires liés aux monuments est Georges Prat, et il a consacré dans son livre « L'architecture cosmique » un excellent chapitre aux tours rondes d'Irlande.

La piste géobiologique

Le problème avec Georges Prat et tout ce qui touche à la géobiologie, c'est que toute cette « science » nécessite toujours un être humain comme appareil de mesure. En gros c'est le principe de la baguette de sourcier, mais on peut utiliser n'importe quoi. Il existe des appareils électroniques, mais il est reconnu que la mesure fonctionne aussi bien en utilisant uniquement le plan imprimé sur papier de l'appareil. Georges a parcouru le monde à la recherche de monuments anciens et explique constater que les vibrations sont plus intenses là où des monuments rituels ont été construits. Il a catalogué plusieurs fréquences vibratoires liées à différents minerais. Le minerai le plus fréquent est le nickel, qui a donné lieu au réseau Hartmann. Ce réseau sillonne la surface de la Terre en suivant les axes nord-sud, est-ouest, et est espacé d'environ 2,5 m. Au plus rare est le minerai, au plus espacé est le quadrillage du réseau. En général le maillage est parallèle à celui de la latitude et longitude, mais parfois il est incliné de 45°. Georges Prat prétend que bon nombre de monuments anciens sont construits là où plusieurs réseaux se croisent.

Il explique aussi pouvoir mesurer des vibrations provenant d'entités défuntes ou mythiques. Ainsi, lorsqu'il se trouve devant une tour ronde d'Irlande, il explique mesurer de bas en haut les vibrations d'un moine de l'époque, puis d'un saint et enfin du Christ.

Selon lui, les tours servaient de cheminée pour envoyer dans l'atmosphère les vibrations des moines enterrés à leur base, afin de participer à une œuvre cosmique.

Le nombre d'Or

Mais Georges a analysé d'autres particularités de ces tours, et ses constatations sont très intéressantes. Chaque tour varie en hauteur, et la hauteur de la porte d'entrée varie aussi étrangement selon la tour, entre 0 mètre et 8 mètres de haut. Il a aussi constaté un rapport quasi immuable entre la distance séparant le haut de la porte avec le haut de la tour, et la circonférence de la tour à hauteur du haut de la porte. Ce rapport est toujours le même, et correspond étrangement au nombre d'or.

Une antenne radio géante ?

Sous la porte d'entrée, la tour est remplie par du remblai. À la base de la tour, il n'y a pas d'interruption entre le remblai et le terrain, comme s'il était nécessaire que la Terre communique directement jusqu'au niveau de la porte.

Les pierres utilisées pour construire les tours ont aussi une forte teneur en quartz comme le granit et le basalte (roches ignées et métamorphiques), ce qui leur donne des propriétés diélectriques intéressantes.

Selon Georges, ces différentes caractéristiques permettent aux tours de canaliser l'énergie des moines. Certains parlent de cheminées cosmotelluriques, qui évacuent en hauteur de l'énergie venant du tréfonds de la Terre. Mais d'après Georges ce n'est pas le cas ici.

Le photographe Gilbert Le Cossec a mis au pont une méthode de photographie mettant en évidence (selon son hypothèse) l'effet cosmotellurique des menhirs et autres objets pointus. Sa technique s'appuie sur l'effet Kirlian, et fait apparaître une aura pointant

verticalement au-dessus des menhirs. Des photos consécutives montrent un phénomène pulsant. Son livre « Le Souffle du Menhir » vous renseignera plus sur sa théorie.

Des radars aux insectes

Une autre personne à avoir abordé les tours rondes d'Irlande est Philips Callahan, entomologiste, ornithologue, philosophe et explorateur. Il a écrit plus de 100 articles scientifiques. Il a étudié les propriétés de réflexion des ondes radars et de la lumière infrarouge des antennes des mites et a trouvé une analogie avec les tours rondes d'Irlande. Il n'en fallait pas plus pour qu'il imagine un rôle radioélectrique et réfléchissant aux fameuses tours.

Il a aussi observé de manière anecdotique une étrange ressemblance entre la distribution géographique des tours en Irlande et une carte du ciel, un peu comme les pyramides d'Égypte et la constellation d'Orion.

Callahan a construit des tours miniatures sensées posséder les mêmes effets radioélectriques et optiques que les tours d'Irlande et a semé des radis tout autour.

Il avait des tours témoins dépourvues de ces propriétés. Il a observé que les radis situés près des tours mimant les tours irlandaises poussaient notablement mieux, et ceci, en épousant une forme de trèfle, un peu comme les courbes d'un champ magnétique d'aimant.

L'acupuncture fermière

Nous avons longuement interrogé John Quackenboss, un fermier américain de Virginie, qui eut dans les années 90 connaissance des recherches de Callahan et entreprit de construire des tours de deux mètres de haut dotées des mêmes propriétés, puis de planter ces tours dans ses champs. Il chercha toutefois à positionner ses tours au-dessus de sources souterraines ou de croisements de réseau Hartmann. Les cultivateurs ou agronomes Alwyne Pilsworth en Angleterre, Jerry Fridestine aux USA et Garry de Piazzi en Australie ont également répliqué et prétendument validé le phénomène en construisant ces tours dénommées maintenant par cette communauté des tours paramagnétiques.

En 2000, la journaliste spécialisée en géomagnétisme Alanna Moore enquêta auprès de Garry de Piazzi et découvrit que le système ne marchait pas comme attendu. Elle identifia huit causes possibles : mauvais emplacement en fonction des objets proches, mauvais emplacement en fonction des réseaux géobiologiques ou des courants souterrains, manque de motivation du fermier, sous-sol géologique inapproprié, effet négatif d'arbres malades amplifié, clôtures métalliques proches, et enfin, des questions éthiques relatives à la modification du champ énergétique du voisinage ou d'autres plantations.

Modifications du champ magnétique

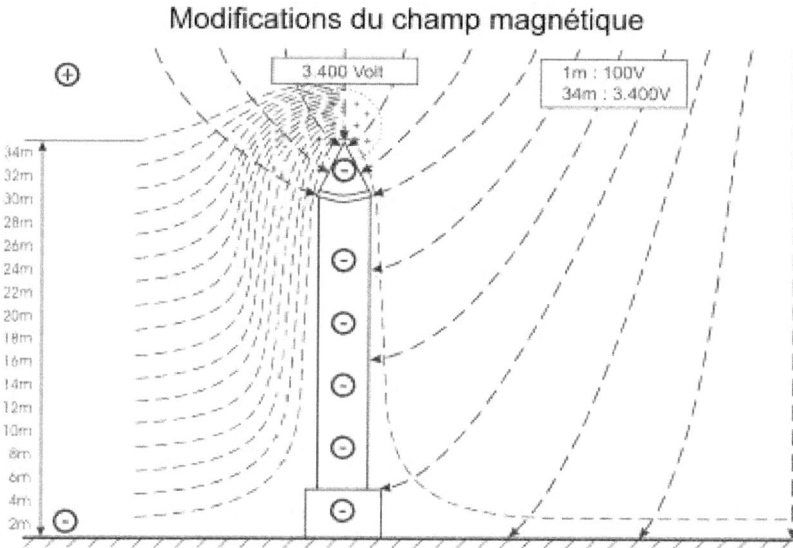

John Quackenboss explique qu'il pourrait exister un circuit complet d'échange d'ions négatifs et positifs, passant dans le sol, les tours et le ciel, mais admet qu'il est finalement très difficile de démontrer de manière claire tout le processus. Les paramètres semblent très ténus et difficiles à contrôler, pour autant qu'ils soient effectifs. Avec le temps, il n'est plus certain de rien.

Que ce soit en allant sur place ou en utilisant Google Earth, il n'est pas possible d'observer une différence de végétations entre les zones proches et éloignées des tours rondes d'Irlande.

Pour parler de manière plus concrète, un des possibles effets serait, par une sorte d'acupuncture du sol, de permettre à l'eau de mieux percoler dans celui-ci et de moins s'évaporer. Il est vrai qu'il existe d'anciens savoirs liés à l'électricité de surface des sols cultivés, impliquant par exemple d'utiliser des socs de charrue faits d'un métal spécial. Cette charge électrique permettrait aussi d'améliorer la vie des organismes présents dans le sol, et dès lors la qualité de ce sol pour les cultures. Cette pratique relève de la biodynamie, inventée par Rudolf Steiner. On sait aujourd'hui que la salamandre, qui est le seul être vivant connu capable de faire repousser l'entièreté de ses membres, parvient à ce résultat grâce à une modification très locale du potentiel électrique. Nous avons de toute façon encore énormément de découvertes à faire dans ce domaine. On peut toutefois se demander pourquoi ils construisaient ces tours dans des cimetières ou au milieu de rochers sur la côte, là où rien ne devait pousser.

Provoquer la pluie

On parle aussi d'un possible effet sur la météorologie. Ces tours seraient-elles capables d'influencer le temps ou plus précisément la pluviosité ? Certaines traces anciennes en Égypte et chez les druides laissent à penser que les anciens savaient comment provoquer la pluie au moyen de constructions bien précises. Don José Carmen Garcia Martinez, l'homme qui parle aux plantes est un mexicain très connu pour les tailles gigantesques atteintes par ses légumes. Pour sa publicité, il dit parler aux plantes, mais il avoue très humblement utiliser de vieilles recettes aztèques pour obtenir ses cultures extraordinaires. Il a manifestement aussi retrouvé comment provoquer la pluie, ou plutôt modifier le climat localement et à long terme, en plantant certaines essences d'arbre selon un tracé géométrique particulier.

Les tours, par l'envoi d'ions dans le ciel, influenceraient-elles la charge électrique des couches nuageuses et rendraient-elles les pluies plus fréquentes, mais moins fortes. Elles attireraient aussi sans doute les éclairs, épargnant dès lors les plantations de leurs effets néfastes.

Dans l'impasse

Les paramètres relevés par Callahan, comme le souci de relier le plancher meuble à la terre ferme, celui de respecter des proportions précises incluant le nombre d'or, celui d'utiliser des pierres dotées de caractéristiques « paramagnétiques », sont autant d'éléments portant à croire en un rôle réel et très spécifique de ces tours, malheureusement oublié de nos jours.

Aucune des pistes envisagées pendant 200 ans ne semble être la bonne.

Mais sur l'effet recherché, on reste en pleine conjoncture : était-ce destiné à l'être humain, aux plantations, à la météo ou sur autre chose que nous n'avons pas encore découvert ?

La culture du Saint-Esprit

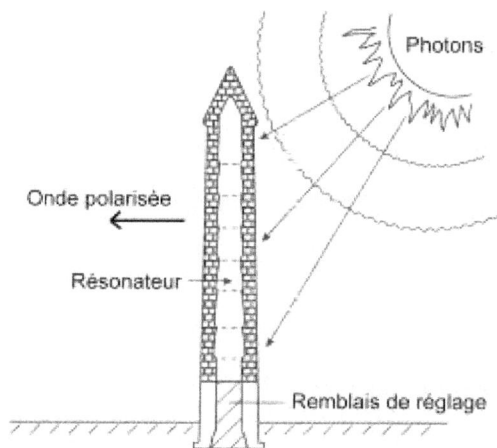

Et si ces tours avaient un effet sur le cerveau des moines ? Si les vibrations émises, qu'elles soient optiques, électriques ou encore d'une autre sorte, étaient réglées pour améliorer les facultés spirituelles des moines ?

Mais encore, pourquoi les mettre dans les cimetières ?

Une première raison : tout comme les antennes pour téléphones mobiles doivent être visibles devant vous et à une certaine distance pour fonctionner, et non au-dessus de votre tête par exemple sur le toit de votre building, on peut imaginer que les tours devaient être situées à une certaine distance à l'horizontale, donc en dehors du monastère.

Mais pourquoi le cimetière ? Se pourrait-il qu'il ne fallût justement pas que des plantes poussent alentour pour ne pas entraver le processus électrique ?

Si dans un champ on constate qu'un circuit fermé se met en place, peut-être que dans un cimetière il se comporte autrement, et que les vibrations émises par les tours s'en trouvent différentes ?

Pour en savoir plus, voici un site consacré aux tours rondes irlandaises:

http://www.roundtowers.org

Fichier Google Earth localisant toutes les tours rondes irlandaises restantes :

https://productforums.google.com/forum/?fromgroups#!msg/ge c-history-illustrated/OWPH2lwuj9c/8HJ7tjXooMUJ

E-2 Les lanternes des morts

En dehors des tours rondes d'Irlande, on trouve beaucoup de « Lanternes des morts ». Celle d'Oléron est une des seules à pouvoir être confondue avec les tours rondes d'Irlande pour la bonne raison que l'architecte s'en est inspiré.

Ces constructions restent insolites et mystérieuses. On ne peut les dater avec certitude. Certains pensent qu'elles ont été construites aux environs du XIIe siècle. Ces petites tours sont creuses, surmontées d'un pavillon ajouré dans lequel on hissait au crépuscule une lampe allumée.

Survivance d'un rite religieux d'origine celte, on pense aussi que la lumière protectrice dégagée de ces lieux durant la nuit, pouvait retenir la mort et l'empêcher d'aller rôder faire de nouvelles victimes ou au contraire jouaient le rôle d'une sorte de phare destiné à guider les âmes des disparus vers le repos éternel.

L'expression "lanterne des morts" ne remonte qu'au 19e siècle.

On en compte encore plus d'une centaine en France.

Inventaire des lanternes des morts en France :

http://cfpphr.free.fr/inventaire1.htm

Lanterne des morts de Sarlat-la-Canéda dite tour Saint-Bernard (Dordogne), France

Lanternes des morts de Culhat, France

Lanterne des morts de la Ville de Pers, France

E-3 Les autres tours rondes dans le monde

Différents types de bâtiments très hauts et très étroits ont été érigés par l'homme depuis la nuit des temps. Au début, l'inspiration était mégalithique, comme pour les menhirs, en leur donnant parfois des formes phalliques. On s'interroge encore sur le rôle de ces menhirs. Puis il y eut les obélisques qui honoraient un dieu en ressemblant à la forme qu'il avait lors de son apparition.

À Rome les Romains réutilisèrent un obélisque égyptien dans l'énorme cadran solaire nommé Horologium, disparu aujourd'hui.

Plus tard les Axumites en Éthiopie érigèrent d'énormes obélisques au rôle encore mystérieux.

Axymite

On compte d'innombrables usages pour les tours :

Certaines servaient à y placer le reste des morts à leur sommet, pour que ces corps soient mangés par les oiseaux.

D'autres tours servaient de phare, de château d'eau, de guet, de système de communication au moyen de feu la nuit, de point de prière comme pour les muezzins, de signal dans le paysage ou de construction pour améliorer la portée d'un signal sonore comme le clocher pour une cloche. Minaret veut dire tour à feu, mais l'usage l'a repris pour l'appel à la prière.

Une tour est aussi un instrument politique pour marquer un pouvoir dans le paysage. Ainsi sans doute le nombre de minarets accompagnant les mosquées et le Taj Mahal par exemple.

Au Pérou, à Sullustani, on trouve des tours construites comme les nuraghi, la porte basse orientée vers le soleil levant. Certaines tours sont faites de pierres brutes, d'autres de pierres très bien taillées. On les nomme des chulllpas.

Ces tours auraient été construites un peu plus tard que les tours rondes d'Irlande, entre l'an 1000 et l'an 1500. Elles auraient servi à enterrer des morts.

En Tchétchénie, on trouve de hautes tours carrées, bâties il y a plus de 500 ans par le peuple Vainakh. Les historiens leur donnent une destination militaire, mais les indigènes expliquent qu'elles abritaient des héros de leurs légendes. Ces tours souffrent comme celles d'Irlande, d'une très petite taille des pièces intérieures, rendant un usage d'habitation ou de refuge pour des humains improbable.

Entre la Chine et le Tibet, au pied de l'Himalaya, on compte la trace de plus d'un millier de hautes tours, certaines carrées, d'autres en étoile. Elles auraient été construites vers l'an 1200.

Les indigènes disent qu'elles sont habitées par des démons. Certaines autres sources disent qu'elles symbolisent la connexion avec le ciel.

Ici encore, les historiens ne parviennent pas à se mettre d'accord.

E-4 *Les pyramides inexplorées de Chine*

Il existe aux alentours de la ville de Xi'an plus de 200 pyramides. La plus grande fait 350 m de côté et 50m de haut.

Beaucoup de ces pyramides sont des tumuli. Ces pyramides seraient des mausolées et abriteraient les dépouilles d'empereurs et des membres de leur famille. Elles dateraient au moins du deuxième siècle av. J.-C..

E-5 Les Stupas

Les stupas sont des représentations symboliques de la voûte céleste, l'enveloppe du monde.

Pour les Indiens, le monde a été créé en séparant le ciel et la terre, jusqu'alors confondus dans un chaos.

Cette voûte céleste est traversée intérieurement par un axe, clairement visible sur ce dessin présent sur une pièce de monnaie indienne.

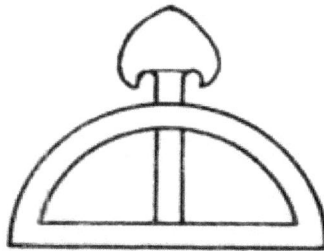

Les premiers stupas étaient dépourvus de toute décoration.

Certains stupas ont été construits à l'air libre, d'autres au fond de grottes, entourés de colonnes ménageant comme un chemin de prière. Le Bouddhisme a repris les stupas à son compte vers l'an 500 av. J.-C., les utilisant pour y mettre des reliques de bouddhas.

Mais personne ne sait à quoi servaient ces constructions à leur origine, ni à quoi correspondait cet axe cosmique invisible.

Un des plus beaux endroits pour les admirer sont les grottes Ajantas en Inde.

E-6 Les Cirques antiques et l'astrologie

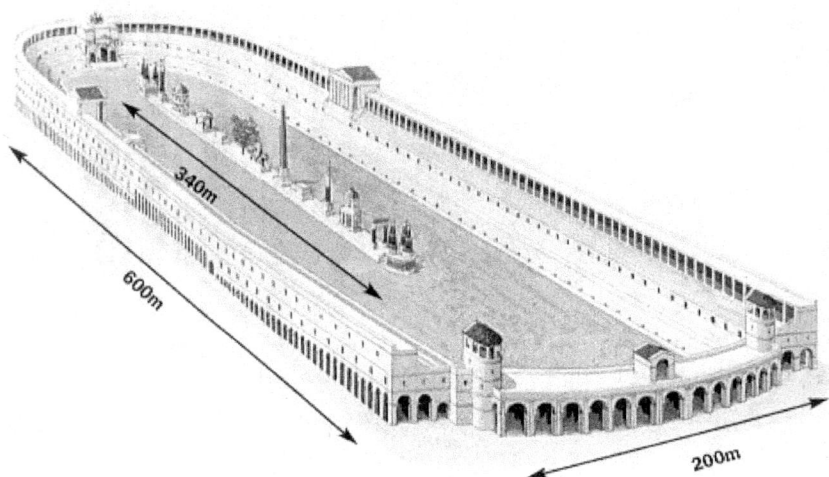

Cirque Maximus, pouvant contenir 250.000 personnes.

Dans l'antiquité, beaucoup de fêtes, de jeux ou d'autres activités avaient une relation avec l'astrologie. Les courses de chars dans les Cirques n'y ont pas échappé. Le Cirque Maximus fut construit environ 600 ans av. J.-C.. Les courses de chars furent organisées jusqu'en 1200 apr. J.-C..

Le Cirque représentait le cosmos. Douze portes représentant les douze signes du zodiaque permettaient à douze chars de s'élancer. Chaque char, en fonction de sa couleur, est associé à un astre. Plus tard les couleurs ont été associées à des catégories de la population puis à des partis politiques.

Les chars tournaient aux extrémités du cirque autour de trois petits obélisques représentant les décans du zodiaque, mais aussi le lever et le coucher du soleil. L'obélisque central représente le sommet du ciel, le soleil à son zénith.

Des groupes de chars étaient aussi associés aux saisons, aux éléments ou aux dieux même.

Les chars faisaient 7 tours, comme les sept jours de la semaine, et il y avait 24 courses par jour, comme les 24 heures de la journée.

E-7 La Villa d'Hadrien

L'empereur romain Hadrien est né en 76 apr. J.-C.. Il fit construire sa villa pour ses 42 ans, mais elle ne fut terminée qu'à ses 60 ans.

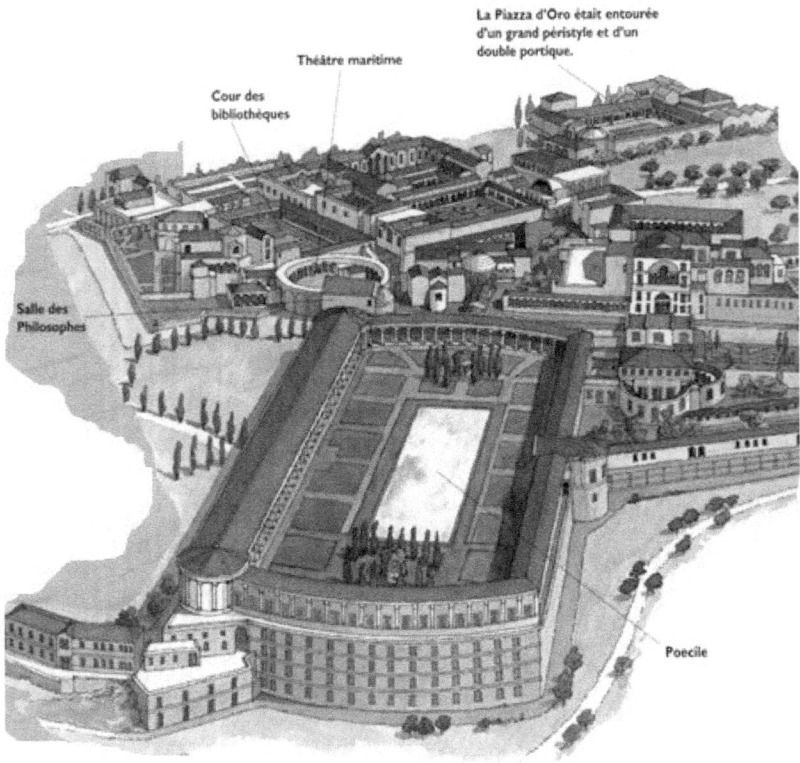

La Piazza d'Oro était entourée d'un grand péristyle et d'un double portique.

Théâtre maritime

Cour des bibliothèques

Salle des Philosophes

Poecile

Cette villa s'étendant sur 40 hectares est en ruine aujourd'hui, et une grande partie n'a pas encore été explorée.

À l'avant-plan on remarque une copie de cirque, et en haut à gauche de celui-ci un édifice rond, le théâtre maritime.

Ce théâtre semble avoir contenu une salle astrologique au mécanisme armillaire. La voûte tournante représentait les constellations du zodiaque et devant celle-ci se déplaçaient à leur rythme les planètes de notre système solaire. Le tout était animé grâce à un système de clepsydres.

ALAIN HUBRECHT

Représentation artistique du théâtre d'origine

E-8 La volière de Varron

L'écrivain et savant Varron est né en 116 av. J.-C..

Il œuvra beaucoup aux côtés de Pompée, et en partie contre Jules César. Il écrivit aussi 600 volumes dont seulement 50 nous sont parvenus. Son « De re rustica » préfigure l'encyclopédie moderne de par l'organisation des informations qu'elle recèle.

Le jardin de Varron à Casinum

Il se fit construire un genre de jardin zoologique, avec volières et bassins à poissons. Certains comme Henri Stierlin prétendent que le bâtiment au centre du bassin rond cachait une salle astrologique, comme pour le palais de Néron et la villa d'Hadrien. Le plafond tournant montrait les constellations du zodiaque et un mécanisme armillaire activait les différentes planètes.

Il se pourrait qu'il ait fait cela pour faire plaisir à Pompée, et ainsi lui permettre d'interroger les astres à l'insu de César dont il briguait le poste d'empereur.

Varron lui-même décrit ce monument comme un temple, un tholos. La salle centrale de sans doute dix mètres de diamètres était soutenue par un système de doubles rangées de colonnes.

Les bâtiments contenant ces salles étaient surmontés d'une girouette. Cette girouette tenait à un axe permettant de voir dans la salle la direction du vent au moment de l'observation.

La tour des vents

À Athènes en Grèce se trouve la tour des vents, un monument ayant aussi contenu un mécanisme astrologique animé par un mécanisme hydraulique. Ce monument était octogonal et chaque face était attribuée à un vent.

La voûte intérieure devait contenir un mécanisme armillaire et montrer la progression des planètes ainsi que de la voûte céleste.

Mais pourquoi les anciens associaient-ils les vents à l'astrologie.

En fait, si on admet qu'il existe un phénomène de polarisation de particules dans l'effet des planètes sur l'homme, il faut savoir que cette polarisation peut être influencée par les vents.

En effet, il est démontré que les gouttelettes d'eau en suspension dans l'atmosphère sont polarisées en fonction de la direction du vent. Il est ainsi possible de mesurer la direction du vent à n'importe quelle altitude rien qu'en mesurant la polarisation des gouttelettes à cette altitude. De nouveau, les anciens avaient peut-être constaté par des années d'observation patiente un lien entre les vents et l'influence des astres.

La Tour des vents à Athènes

E-9 La tour de Catherine de Médicis

La tour Médicis fut construite par la Reine Catherine de Médicis en 1574. Elle mesure 32 mètres de haut et la pièce au sommet fait quatre mètres de large. Une porte donnait directement dans sa chambre située dans l'hôtel jouxtant la colonne. Cet hôtel est aujourd'hui devenu la Bourse du Commerce. C'est sans doute avec l'aide de l'astrologue italien Cosimo Ruggieri qu'elle a fait édifier la tour.

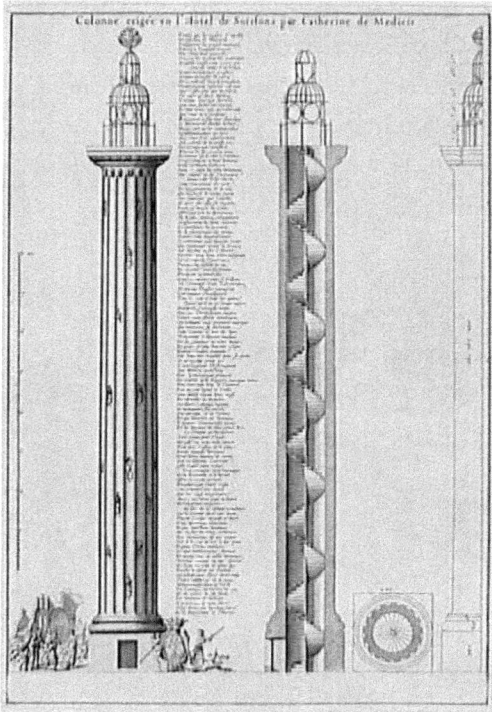

Colonne érigée en l'hôtel de Soissons par Catherine de Médicis

Certains pensent que le sommet de la tour contenait un mécanisme armillaire.

E-10 La Grande Pyramide

La grande pyramide, dernier vestige intact des sept merveilles du monde antique, nous cache encore bien des secrets. Sans parler des pièces et couloirs encore à découvrir, la partie connue de la pyramide reste un mystère.

Évidemment, si on prend la théorie officielle qui est que cette pyramide est un tombeau, tout est simple, et la complexité visible n'est là que pour compliquer, retarder ou empêcher l'accès à la chambre du roi. Même avec cette théorie officielle, la méthode de construction reste une énigme. Récemment, Jean-Pierre Houdin, un français, a émis l'hypothèse qu'à partir d'une certaine hauteur, la pyramide aurait été construite « de l'intérieur » grâce à une galerie inclinée courant tout au long des faces jusqu'au sommet.

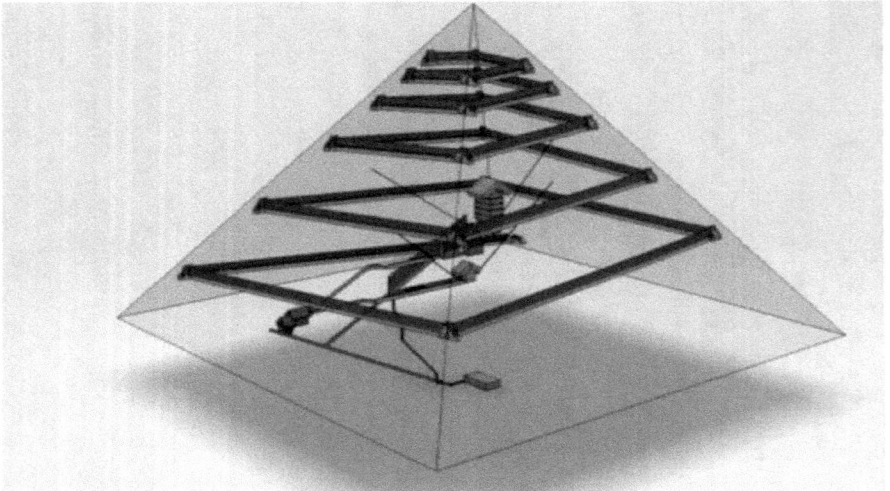

Les gros blocs auraient été montés par là, ce qui aurait permis d'éviter de devoir construire des rampes extrêmement longues à l'extérieur. La grande galerie aurait servi à monter certains blocs de granit da la chambre du roi.

Une autre théorie prétend que la pyramide était entourée de douves remplies d'eau.

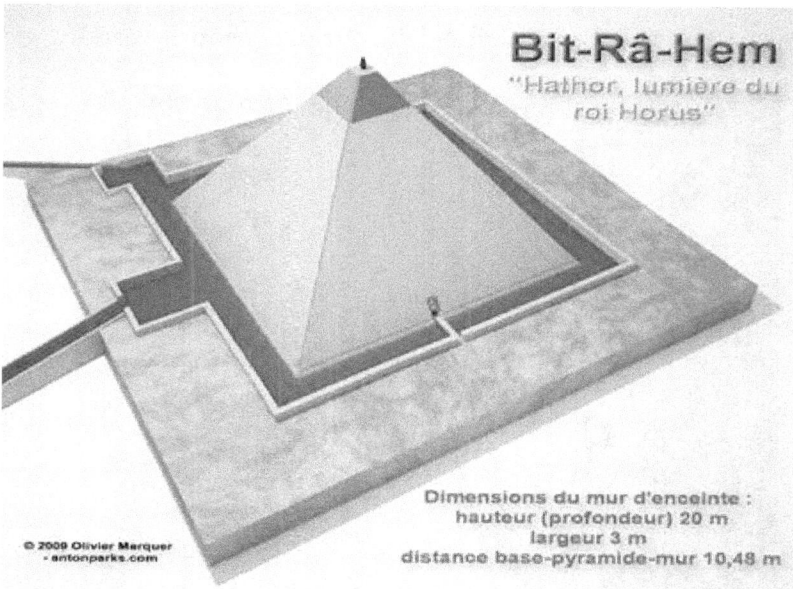

Bit-Râ-Hem
"Hathor, lumière du roi Horus"

Dimensions du mur d'enceinte :
hauteur (profondeur) 20 m
largeur 3 m
distance base-pyramide-mur 10,48 m

© 2009 Olivier Marquer
- antonparks.com

On sait qu'un canal reliait la pyramide au Nil, et même peut-être un canal souterrain, interrompu par une énorme salle souterraine.

Beaucoup prétendent que la pyramide fonctionnait comme une pompe à eau, utilisant le principe du coup de bélier, et ne nécessitant pas d'apport d'énergie extérieure. Il est en effet possible, en utilisant certains couloirs et salles de la pyramide, de démontrer qu'il y avait de quoi assurer le pompage de l'eau.

On a du mal à imaginer une telle construction juste pour irriguer des champs. Mais peut-être ce pompage servait-il à autre chose, comme la purification ou l'énergisation de l'eau dans une des chambres ?

Il existe des indices probants à cette théorie, comme la présence d'une troisième salle creusée dans le plateau de Gizeh, sous la pyramide. Cette salle visible sur les vues ci-dessous était aménagée comme pour faciliter l'évacuation d'une grande quantité d'eau.

Les personnages donnent une idée de la taille de cette salle.

Entre la base de la grande galerie et le couloir menant la galerie inférieure se trouve un puits reliant les deux endroits, et à mi-parcours de ce puits a été creusée une cavité pouvant servir à contenir une vanne antiretour, exactement ce qu'il faut pour une pompe à bélier.

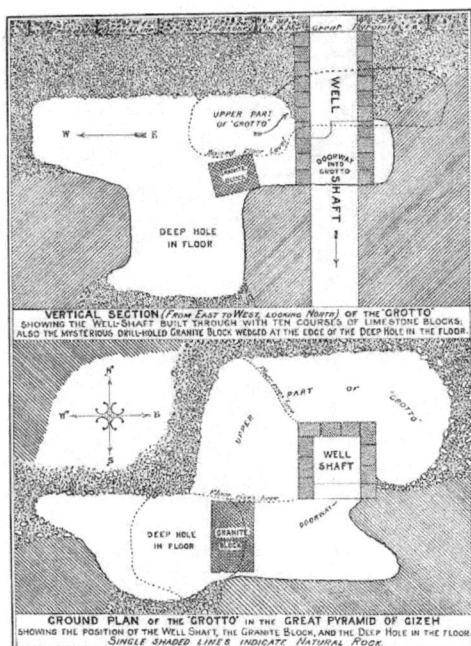

On peut aussi distinguer en haut de la grande galerie, une pierre taillée comme pour mieux diriger un écoulement d'eau.

Chris Dunn a présenté lui une tout autre version, pensant que la pyramide était une machine, plus précisément un MASER. Il explique dans le schéma ci-dessous comment la chambre de la reine produisait de l'hydrogène, qui était amené dans la chambre du roi où il était mis en vibration pour en faire un excitateur de micro-ondes. Les conduits obstrués arrivant près de la chambre de la reine disposent en effet à leur sommet d'un système de fermeture étrange et même peut-être d'un système de contact électrique utilisant un flotteur.

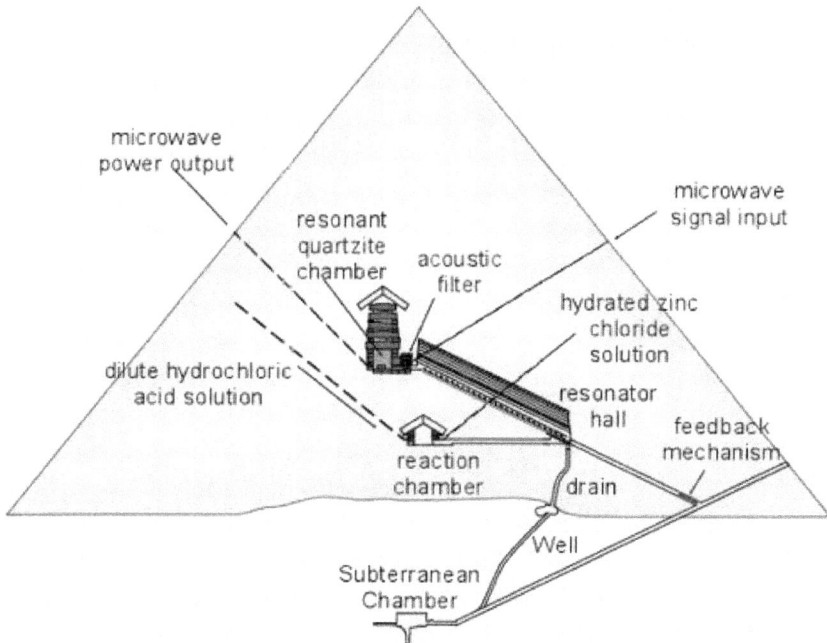

The Giza Power Plant

La grande galerie aurait contenu des résonateurs, dont la vibration aurait été filtrée à l'entrée de la chambre du roi par le système de herses. Dans la chambre du roi, tout a été prévu pour vibrer à une certaine fréquence aussi, comme le sarcophage et les poutres du plafond, dont la finition de la taille a été terminée sur place pour atteindre une fréquence exacte pour chaque poutre. Chris ne dit pas à quoi ont servi les micro-ondes, spéculant juste sur le fait qu'elles auraient pu être extraites par le conduit sud de la chambre du roi qui mène à l'extérieur. Le conduit nord aurait servi pour recevoir un signal que la chambre à micro-ondes aurait amplifié comme un maser, ancêtre du laser.. Il faut dire contre cette dernière hypothèse qu'il semble que les conduits de la chambre du roi disposaient du même système de fermeture que ceux de la chambre de la reine, en tout cas le conduit sud.

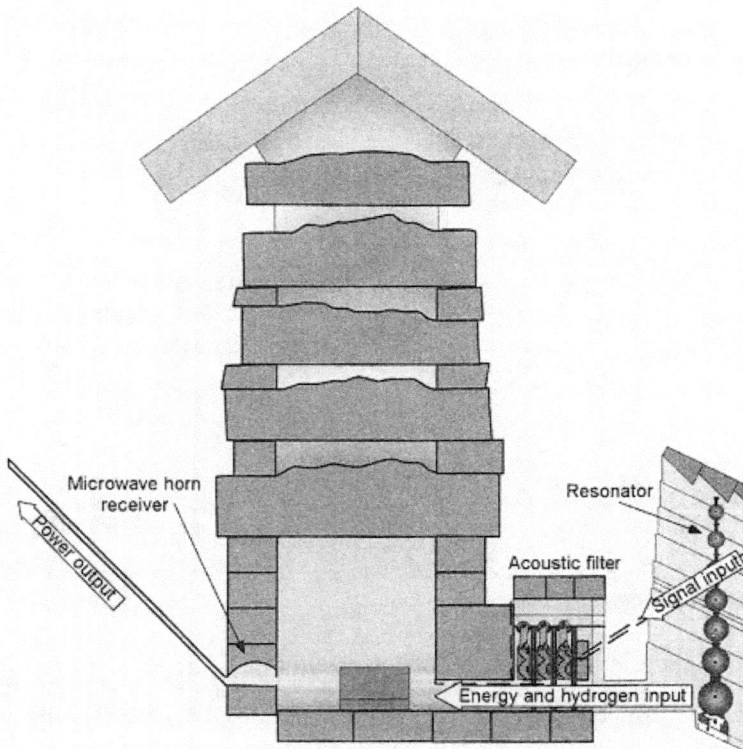

Vue en coupe de la chambre du roi au travers de la théorie de Chris Dunn

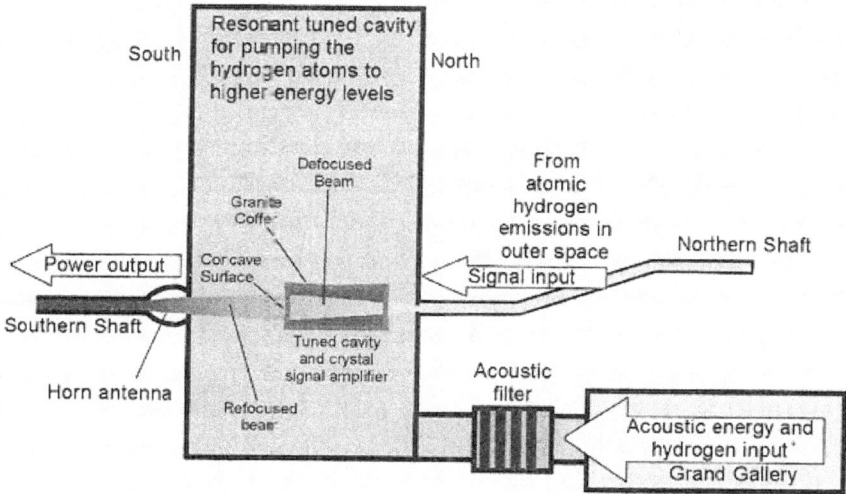

Vue en plan de la chambre du roi, au travers de la théorie de Chris Dunn.

Le petit robot qui a visité les conduits de la chambre du Roi a vu des encoches dans les parois correspondant à celles nécessaires pour maintenir les portes et clapets découverts dans les conduits de la chambre de la reine.

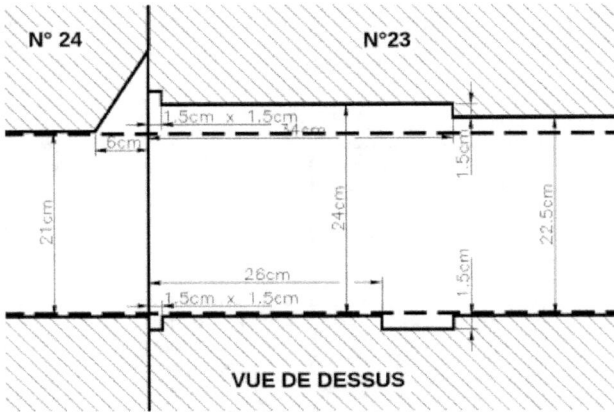

Coupe du conduit sud de la chambre du roi.

Les conduits ont des profils étonnants à leur départ comme le montre cette coupe longitudinale et transversale du début du conduit de la chambre du roi. Chris explique que la cavité aurait pu contenir une antenne à micro-ondes.

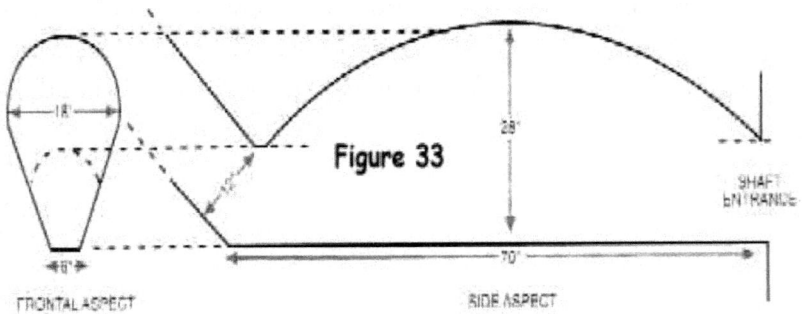

Figure 33

Ils changent aussi de direction aussi bien dans le plan vertical que dans le plan horizontal. Ces nombreux détours sont nécessaires pour éviter des obstacles ou pour d'autres raisons encore inconnues. En résumé le conduit Sud de la chambre de la reine change deux fois de direction, le conduit nord change trois fois de direction et sort une fois du plan vertical. Le conduit sud de la chambre du roi change cinq fois de direction, tandis que le conduit nord change aussi cinq fois de direction, mais à chaque fois de plan vertical !

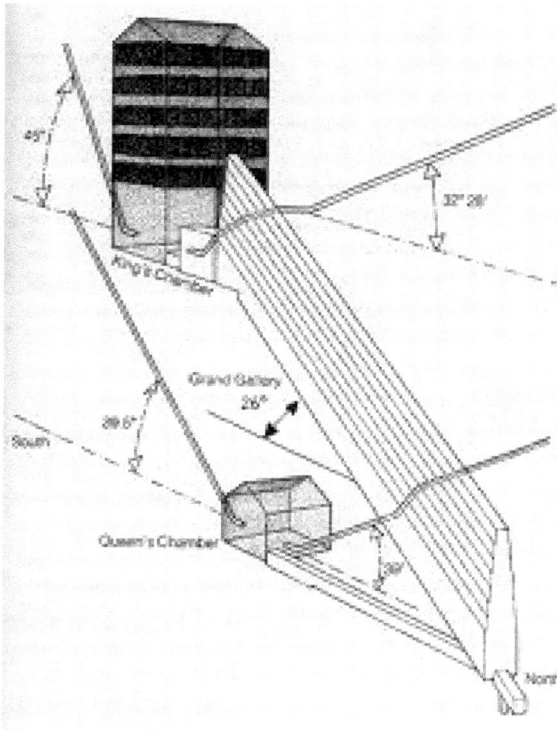

Un des éléments qui semble lui mieux réglé est que chaque paire de conduits débouche exactement à la même hauteur que son jumeau.

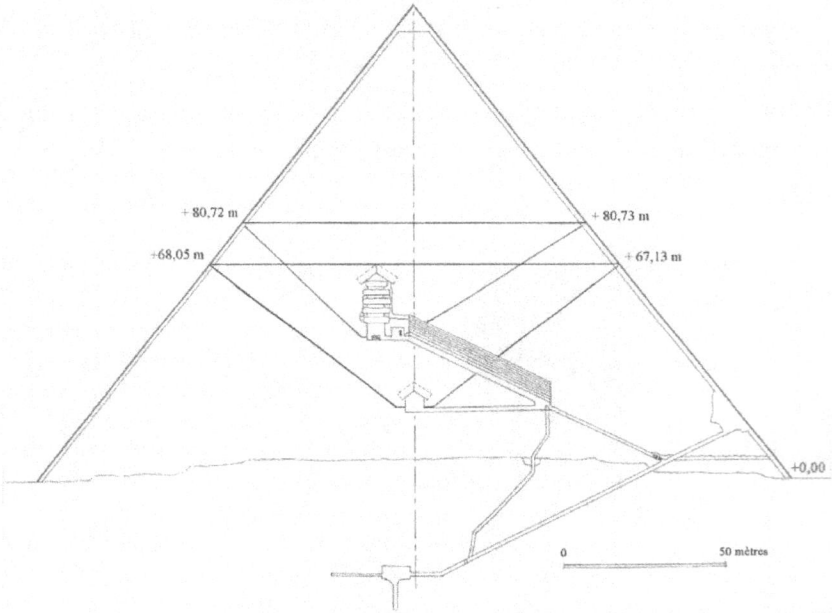

+ 80,72 m + 80,73 m
+68,05 m + 67,13 m
+0,00
0 50 mètres

On a retrouvé trois objets dans les conduits de la reine, qui étonnamment, ne débouchaient pas à l'origine dans la chambre. Ces conduits stoppaient à 8 centimètres de la chambre pour une raison totalement inconnue. C'est un hasard qu'on les ait découverts en creusant la roche. Personne donc depuis la construction de la pyramide n'avait pu allait dedans. On y a trouvé une planchette de bois, à laquelle était fixé un crochet métallique, et une boule de pierre en diorite. La planchette a aujourd'hui disparu.

CONDUIT REINE NORD

BOULET ET CROCHET

Pour Chris Dunn, le crochet servait de contact et devait être fixé sur la planchette qui servait de flotteur. Lorsque du liquide était remis dans le conduit, un contact électrique était activé lorsque le conduit était rempli.

Une théorie émet l'idée que la bille de pierre aurait pu briser la roche et ainsi activer un processus en mettant en contact le conduit et ce qu'il y avait dedans, avec la chambre.

Philippe Lheureux pense que la pyramide aurait été conçue pour pouvoir être remplie d'eau par les conduits de la chambre du roi. Le mécanisme aurait agi comme une serrure hydraulique donnant accès à une salle encore inconnue.

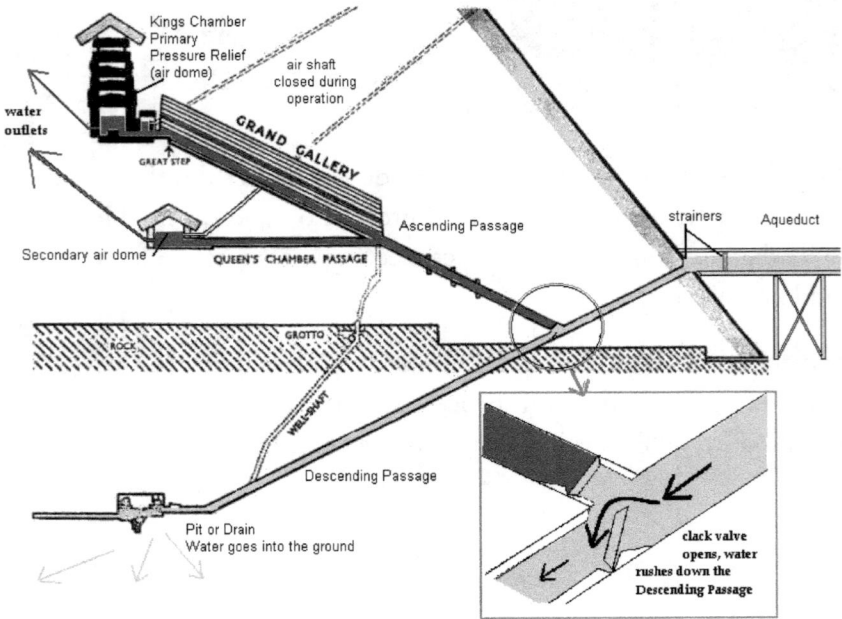

Schéma de principe de Philippe Lheureux

Selon lui la chambre du roi, ses conduits et ses 5 plafonds font partie d'un mécanisme d'ouverture de l'accès à la vraie chambre du roi. En déversant de l'eau par les conduits de la chambre du roi on remplirait celle-ci jusqu'au plafond. La pression engendrée par l'air comprimé par la montée de l'eau pousserait un bloc qui dégagerait un puits dans lequel du sable pourrait s'écouler jusque dans la chambre souterraine où une arrivée possible à même été identifiée, et enfin libérer le passage vers la chambre secrète.

C'est une des seules théories expliquant pourquoi les deux conduits de la chambre du roi doivent déboucher à l'extérieur à une hauteur précise et identique, ainsi que pourquoi il fallait absolument poser autant de poids sur le plafond de la chambre du roi.

Ce qui est certain, c'est que l'agencement des blocs dans la chambre du roi n'est pas normal à un certain endroit, un bloc étant complètement déchargé de portance par le bloc supérieur portant sur les deux blocs adjacents comme un linteau, ce qui voudrait dire, si une cavité était aménagée derrière ce bloc, qu'il pourrait être poussé sans trop de peine, par de l'eau par exemple.

La grande galerie comporte d'ailleurs également de nombreux faux joints destinés à tromper les pillards, mais à ce jour on ne sait pas encore ce que ces faux joints devaient nous éviter de découvrir.

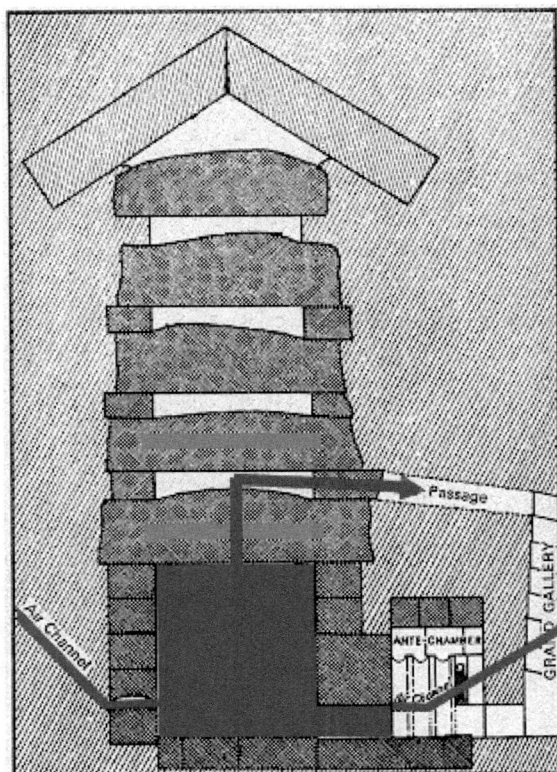

Les 5 étages de poutres de granit servaient à empêcher que le plafond ne se soulève.

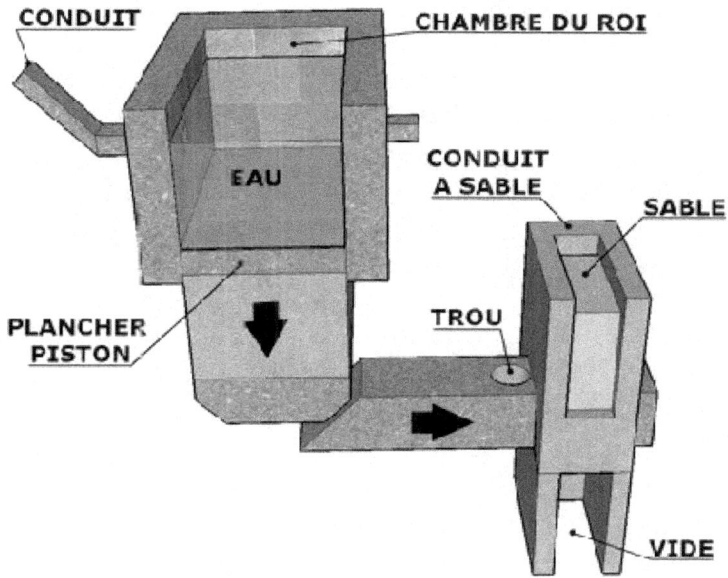

Principe de la clé hydraulique de Philippe Lheureux

D'autres éléments restent encore à expliquer.

- La chambre de la reine comporte une niche à encorbellement dont personne n'a encore pu donner la signification.

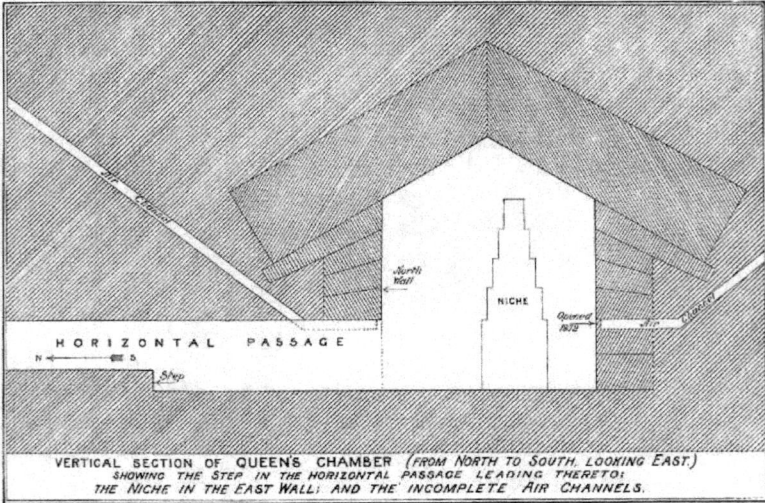

VERTICAL SECTION OF QUEEN'S CHAMBER (FROM NORTH TO SOUTH, LOOKING EAST.)
SHOWING THE STEP IN THE HORIZONTAL PASSAGE LEADING THERETO:
THE NICHE IN THE EAST WALL; AND THE INCOMPLETE AIR CHANNELS.

- L'assemblage des pierres au sol de la chambre de la reine laisse aussi perplexe plus d'un chercheur.

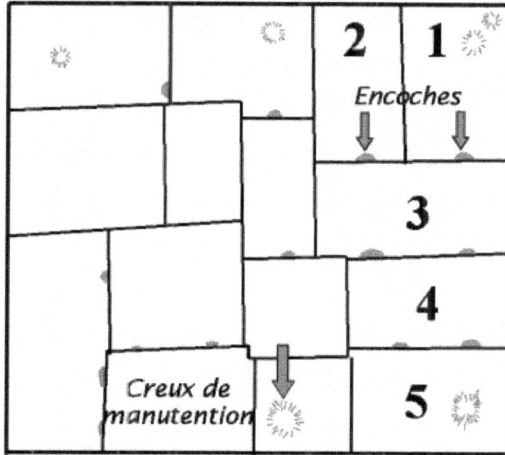

- On dénote plusieurs départs de tunnels et de puits aussi bien dans la chambre de la reine que dans la chambre du roi.

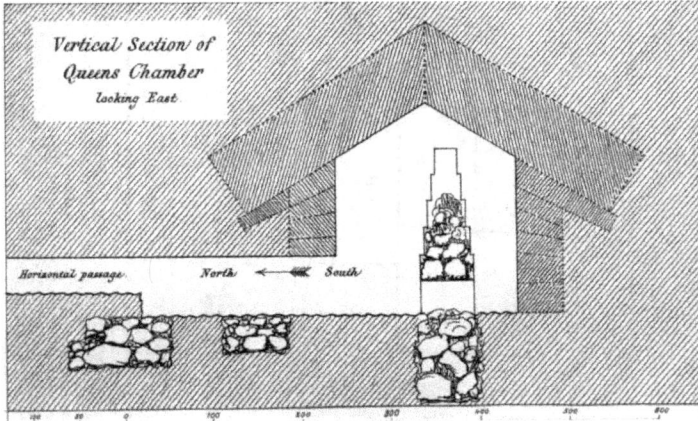

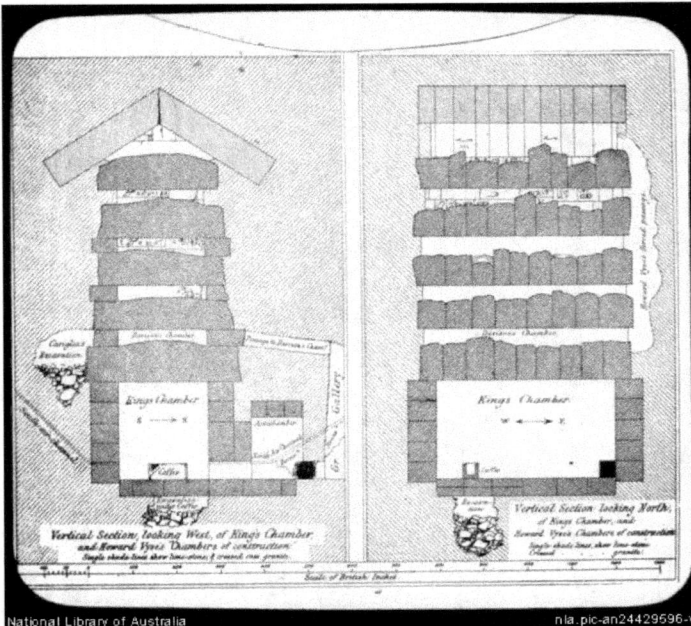

Pourquoi les pillards ont-ils tenté de creuser ces puits ?

- À la sortie du conduit de la chambre du roi, on a trouvé une plaque de métal recouverte d'or sur une de ses faces. Certains pensent qu'elle faisait partie du système de fermeture du conduit. Sans doute bloquait-elle la bille de diorite, bille qui aurait été libérée après que la plaque ait été corrodée par un processus à définir. Cette bille aurait alors pu descendre le conduit, mais on ignore là aussi le but final.

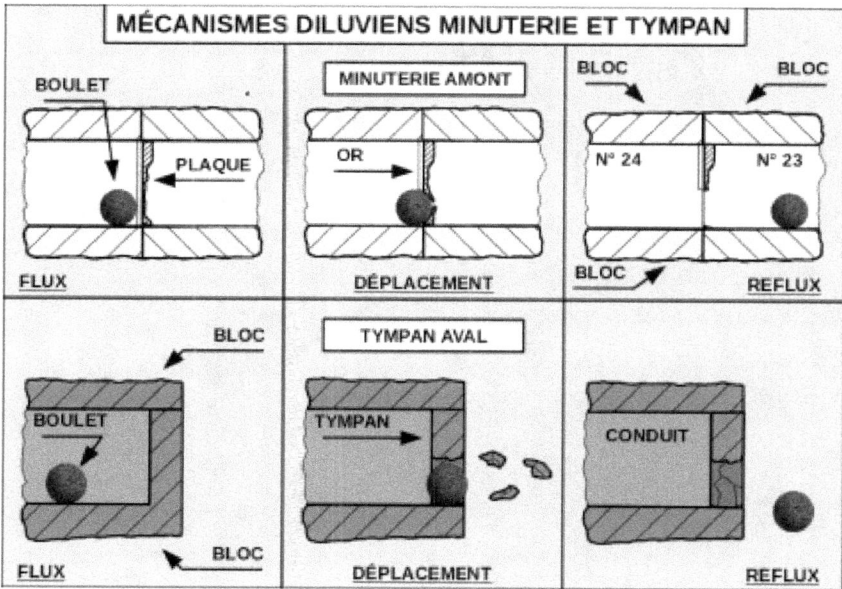

MÉCANISMES DILUVIENS MINUTERIE ET TYMPAN

BOULET | MINUTERIE AMONT | BLOC | BLOC
PLAQUE | OR | N° 24 | N° 23
FLUX | DÉPLACEMENT | BLOC | REFLUX

BLOC | TYMPAN AVAL
BOULET | TYMPAN | CONDUIT
FLUX | BLOC | DÉPLACEMENT | REFLUX

- À quoi servaient les clapets et les contacts métalliques en haut des conduits de la chambre de la reine ?

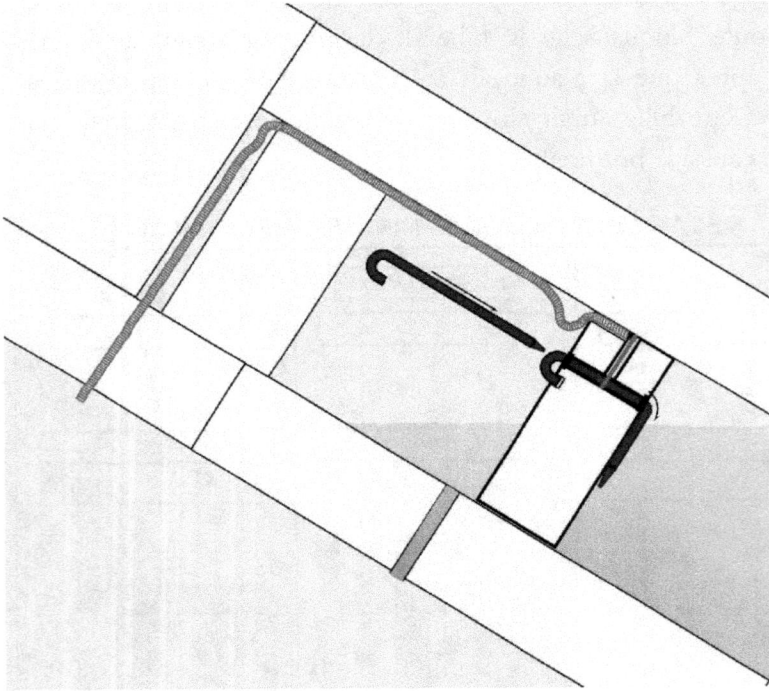

La coupe ci-dessus s'inspire de la théorie de Chris Dunn.

Lorsque le liquide remplissant le conduit arrivait à hauteur des deux contacts, un circuit électrique était fermé et devait activer quelque chose.

- Il y a-t-il vraiment eu un jour une momie dans le sarcophage de la chambre du roi ?

L'arche d'alliance, générateur d'énergie selon James Colmer

Certains prétendent que les dimensions du sarcophage correspondent exactement à celle de l'Arche d'Alliance.

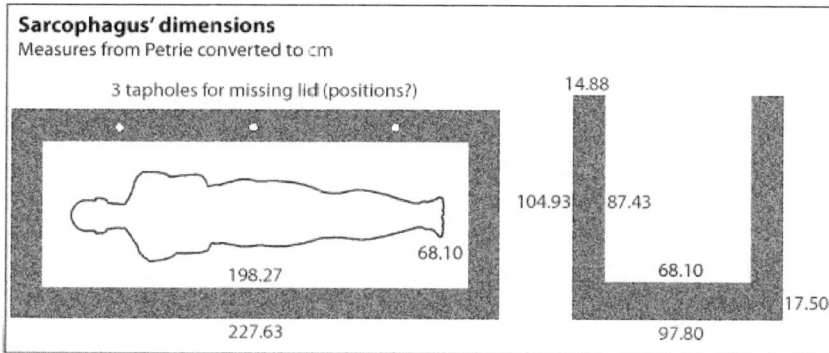

Sarcophagus' dimensions
Measures from Petrie converted to cm

3 tapholes for missing lid (positions?)

14.88

104.93 87.43

68.10

198.27

68.10

227.63

17.50

97.80

- Comment fonctionnait réellement le système de herse à l'entrée de la chambre du roi ?

Plusieurs chercheurs ont essayé de comprendre comment les herses étaient manœuvrées et à quoi elles servaient exactement.

On voit leur taille sur la coupe ci-dessus grâce à l'être humain qui y est représenté.

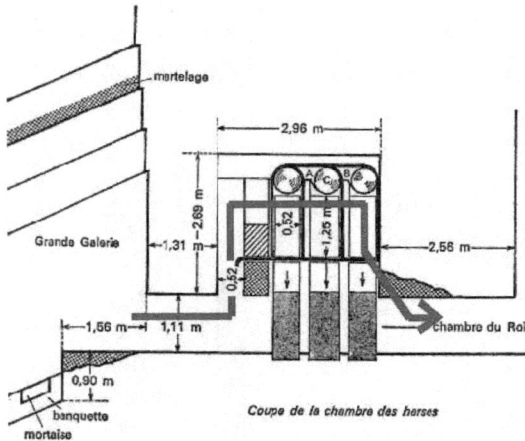

Coupe de la chambre des herses

- Il est intéressant de noter qu'il était possible de rentrer dans la grande pyramide à l'époque de son utilisation, par une porte dérobée, utilisant un astucieux mécanisme de basculement.

Située à environ 20 m de hauteur, cette entrée n'a jamais été trouvée par les pillards et les premiers explorateurs.

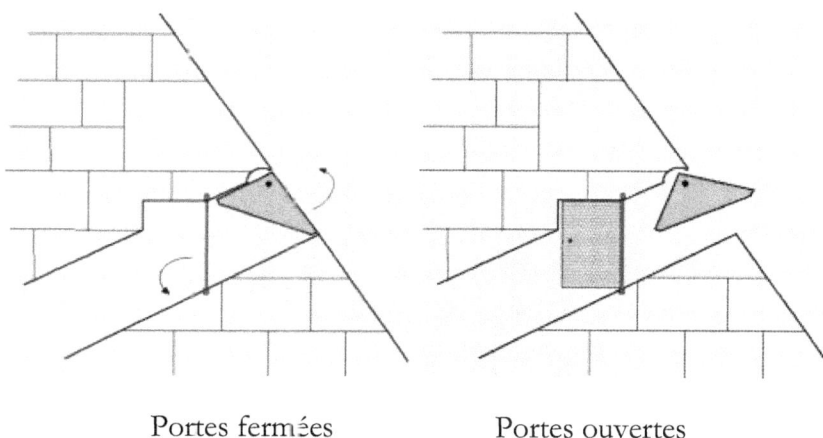

Portes fermées   Portes ouvertes

La première porte faite d'une énorme pierre, tournant autour d'un axe horizontal. La deuxième porte, plus classique, tournant autour d'un axe vertical, comme une porte normale. Le calife Al-Ma'mūn qui pénétra au 9e siècle de notre ère, et sans doute le premier depuis son abandon par ses utilisateurs des milliers d'années auparavant, fit creuser un tunnel horizontal lui permettant d'arriver pile après les blocs bouchant l'accès à la galerie ascendante.

S'il avait utilisé l'entrée normale, pour autant qu'il ait pu connaître son existence, il serait arrivé au sommet de la galerie descendante et aurait été confronté aux énormes blocs de granit obstruant l'accès à la galerie ascendante.

En haut, les blocs de granit qui bloquent l'accès à la galerie ascendante allant à la grande galerie (vers la chambre du roi et de celle de la reine)

En bas, la galerie descendante qui va vers la chambre souterraine.

LA GRANDE PYRAMIDE DE GIZEH

Esaïe 19 : 19-20

"En ce jour-là, il y aura un autel élevé à l'Eternel au milieu du pays d'Egypte et à la frontière même, une colonne dédiée à l'Eternel ; et ce sera un signe à l'Eternel des armées dans le pays d'Egypte".

La grande galerie comportait sur ses côtés des objets aujourd'hui disparus. On peut encore voir les encoches et les niches dans lesquelles ils devaient se trouver. Étrangement, on retrouve ici aussi de fausses encoches et de faux joints.

Au sol de la grande galerie, régulièrement espacés, des trous ronds, ayant leurs jumeaux au plafond.

Les encoches le long des parois de la grande galerie

Une vraie encoche

Une fausse encoche

E-11 Croix d'Ankh

La croix d'ankh ou croix ansée est un hiéroglyphe égyptien représentant la notion de « vie ».

Les dieux égyptiens en tiennent souvent une dans la main.

Sur certaines fresques on peut voir une croix portée devant la bouche d'un dieu.

Les spécialistes se perdent dans l'interprétation du signe.

Sur certaines autres fresques, la croix d'Ankh est associée au Djed, cette sorte de pilier dont on ne sait pas grand-chose non plus.

E-12 Le Serapeum de Memphis

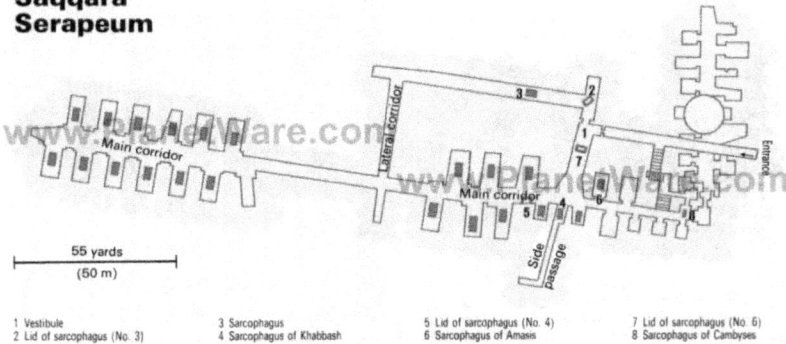

Saqqara Serapeum

55 yards
(50 m)

1 Vestibule	3 Sarcophagus	5 Lid of sarcophagus (No. 4)	7 Lid of sarcophagus (No. 6)
2 Lid of sarcophagus (No. 3)	4 Sarcophagus of Khabbash	6 Sarcophagus of Amasis	8 Sarcophagus of Cambyses

Le Serapeum de Memphis, situé à Sakkarah, est un ancien temple dédié au taureau déifié Api.

En fait ce lieu, comme beaucoup d'autres d'ailleurs, a constamment évolué et changé d'affectation au fil des millénaires.

Initialement réservé au culte d'Apis, il fut tour à tour transformé en marché couvert, en sanatorium et en lieu de résidence pour reclus.

Les diverses galeries du Serapeum correspondent à diverses époques, contiennent entre 24 et 28 sarcophages de tailles différentes et façonnés dans des matériaux différents (granit, basalte, calcaire et bois). Bien qu'on y ait retrouvé énormément d'objets datables, les énormes sarcophages de granit ne peuvent être datés, et on ne peut pas plus déterminer à quoi ils servaient, leur dimension, leur poids et la qualité de leur fabrication étant totalement disproportionnés pour y loger la momie d'un bœuf.

Une seule momie de bœuf a été découverte, contenue dans un sarcophage de bois minuscule comparé aux énormes sarcophages de pierre. Alors que ceux de pierre font 4 à 5 m de long sur plus de 3 m de haut et plus de 70 tonnes, celui de bois fait à peine un mètre de long pour un poids insignifiant.

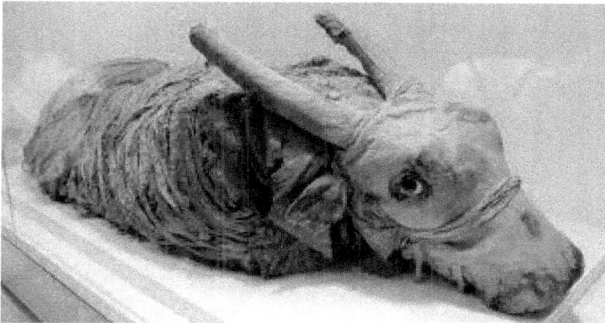

Exemple de momie de bœuf Apis

Taille des sarcophages de granit comparée à celle d'un humain

L'intérieur de ces sarcophages était d'une précision incroyable, encore inégalable aujourd'hui. Aucun tailleur de pierre actuel n'accepte de tailler d'une pièce ce sarcophage, et certainement pas avec cette précision. Les faces étaient extrêmement planes et leur parallélisme et leur perpendicularité tout aussi extraordinaire.

E-13 *La suite de Fibonacci et le nombre d'Or*

Le nombre d'or est désigné par la lettre grecque phi
Sa valeur est de 1,618 033 989…
La formule mathématique est $x^2 - x - 1 = 0$

Un rectangle d'or se construit en rallongeant un carré depuis le milieu d'un de ses côtés d'une distance égale à celle rejoignant ce milieu à un côté opposé.

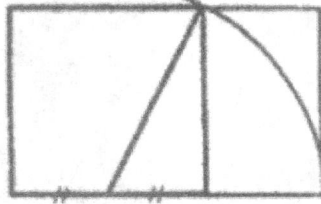

Nos ancêtres avaient détecté que les proportions de ce rectangle étaient agréables à l'œil et s'en sont inspiré pour proportionner d'innombrables constructions, des pyramides aux villas, en passant par les temples.

La grande pyramide :hauteur divisée par la demi-base

Le Parthénon : DC divisé par DE

La suite de Fibonacci représente un autre nombre, trouvé lui dans la nature en de multiples endroits.

Sa valeur est obtenue en ajoutant au bout de la suite la somme des deux nombres précédents.

La suite commence par 1 et devient donc

1 ; 1 ; 2 ; 3 ; 5 ; 8 ; 13 ; 21 ; 34 ; 55 ; 89

Plusieurs espèces se reproduisent selon ce nombre, comme les lapins, les abeilles et les vaches ;

Plusieurs plantes sont construites sur base de ce nombre, par exemple pour trouver le nombre de pétales qu'elles auront (lis=3, bouton d'or=5, puis 8, 13,21 34, 55 pour d'autres fleurs et la marguerite avec 89)

D'autres espèces utilisent ce nombre pour créer des structures, comme le tournesol, la pomme de pin, la répartition des feuilles sur une branche d'arbre ..

La nature utilise donc les mathématiques et des règles simples pour construire le vivant, et ne stocke donc pas toutes les variables et les règles de construction dans l'ADN.

Pour comprendre qu'il existe une relation entre le nombre d'or et la suite de Fibonacci, il suffit de diviser un nombre de la suite de Fibonacci par son précédent, comme 89 par 55, ce qui donne 1,61818...

Au plus on va chercher ces deux nombres loin dans la suite, on plus on se rapproche de la vraie valeur du nombre d'or.

E-14 L'archéoastronomie

L'archéostronomie, aussi appelée paléoastronomie, étudie les témoins archéologiques, l'histoire et les sites anciens en y recherchant les traces d'évènements astronomiques. L'étoile de Bethléem est un bon exemple, l'alignement des pyramides et des temples, celui des mégalithes en sont des autres.

Les relations semblent assez simples à démontrer, pourtant ce n'est pas si évident.

Pour un phénomène très particulier comme le passage d'une comète, une éclipse ou le transit d'une planète c'est en effet assez facile, car ces évènements sont cycliques, prévisibles et très peu fréquents. On peut donc remonter le temps et retrouver des dates exactes.

L'homme n'a malheureusement pas toujours utilisé notre calendrier actuel, et remonter le temps n'est pas toujours évident au niveau des dates calendaires. Les premiers calendriers virent le jour il y a environ 4000 ans.

Pour l'explosion d'une étoile sur laquelle sont basés quelques faits historiques, il est plus délicat de retrouver la date exacte de cet évènement unique et forcément non cyclique.

La question des alignements sur la position de planètes, d'étoiles et de constellations est plus délicate encore, car ces objets occupent des places diverses dans notre ciel, et à cause des divers paramètres qui influencent la position et l'inclinaison de la Terre, sont particulièrement délicats à replacer dans le ciel il y a des milliers d'années.

En général, nos ancêtres utilisaient 3 positions spéciales, le lever, le point de culmination et le coucher, et plus spécifiquement lors des équinoxes et des solstices.

Mais comme la Terre oscille sur son axe selon un cycle de 26 000 ans, et dans une moindre mesure selon un cycle de 18,6 ans nommé nutation, les positions clés de ces astres se décale d'année en année. De un degré tous les 72 ans pour être précis.

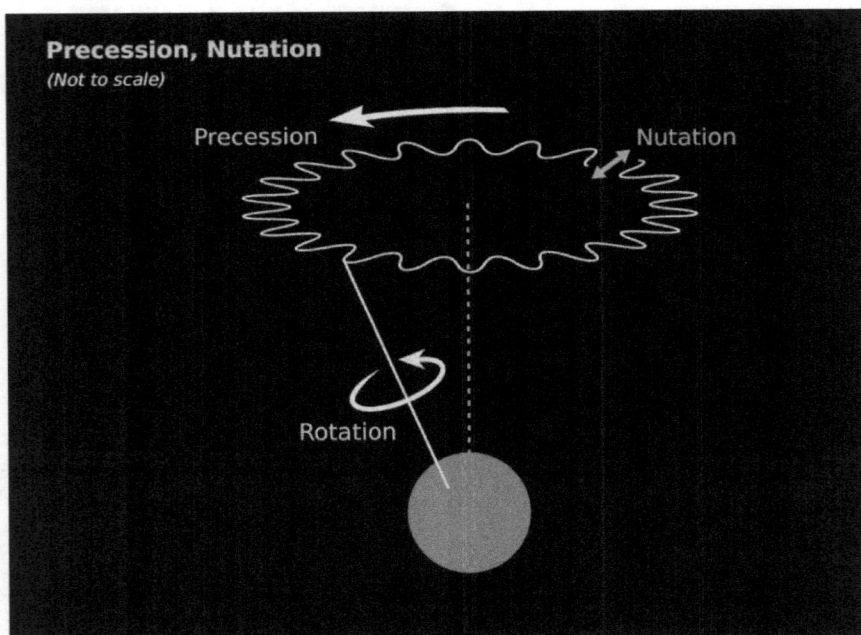

L'angle que fait la Terre par rapport à un axe perpendiculaire à l'écliptique varie de ce fait de 23 et 26°. Le plan de l'écliptique est le plan dans lequel la Terre circule, plan qui contient le Soleil.

Il existe de rares logiciels d'astronomie tenant compte de la précession, mais pas de la nutation, celle-ci étant en fait assez complexe, car liée à diverses forces gravitationnelles.

L'obliquité de la Terre varie aussi, ainsi que l'excentricité autour du Soleil.

L'axe de rotation de la Terre pointe au-dessus de celle-ci vers l'étoile du Nord. L'angle de cet axe est nommé obliquité. Uranus a un angle de 97° et Vénus de 177°.

Même en tenant compte de cette précession, il est difficile de démontrer avec certitude l'alignement d'une construction sur la position d'un astre si on ne connaît pas avec précision la date de construction de cette construction. Il se peut aussi même qu'une construction soit bâtie pour un alignement à venir dans le futur.

D'autres facteurs peuvent aussi intervenir, comme la hauteur de l'horizon. En effet, il faut parfois se rendre sur place et constater que l'horizon pour un azimut (orientation) donné n'est pas situé dans le même plan horizontal que le site archéologique. Il peut y avoir une colline au loin, faisant que l'astre traité se couchait plus tôt. Ou se levait plus tard que s'il avait été dans le même plan horizontal. On l'a vu pour les nuraghi, dont la construction s'est étalée sur plusieurs centaines d'années. L'orientation de leur entrée tenait implicitement compte de la précession, mais elle tenait aussi compte de la hauteur de la ligne d'horizon, décalant donc l'orientation de l'entrée d'un bâtiment à l'autre même lorsqu'ils étaient construits à la même époque et dédiés au même astre.

On a aussi vu que sans calendrier précis, même une date

calendaire de l'époque peut rester assez floue pour un astronome. Souvent, les calendriers recommençaient à zéro lorsqu'un nouveau pharaon ou empereur venait à régner. L'histoire a aussi « tiré » sur certaines dates ou durée de règnes pour donner plus d'importance à un personnage, comme les récits peuvent grossir le nombre d'ennemis capturés ou la liste des villages et régions envahis.

L'autre grande inconnue est celle de savoir pourquoi les anciens alignaient des monuments vers des points astronomiques.

Ainsi il est possible de déclarer Stonehenge aligné vers de multiples évènements astronomiques, mais il reste difficile de comprendre pourquoi ils ont levé tant de pierres, modifié tant de fois la configuration du site, alors qu'un simple bâton planté en terre suffi à surveiller les équinoxes !

E-15 Les nœuds géobiologiques

Pour les géobiologues, à chaque métal présent dans le sous-sol de la terre correspondrait un réseau particulier formant un maillage plus ou moins large. Le réseau qui a le plus de notoriété est connu sous le nom de réseau Hartmann, qui correspond au nickel. Ce réseau orienté nord-sud et est-ouest est donc un quadrillage dont les mailles font environ 2 mètres de large, et la bande d'influence environ 20 cm. On dit qu'il ne faut pas rester trop longtemps aux points d'intersection, ni y placer des plantes ou des appareils électriques.

Les antennes Hartmann peuvent se régler sur différentes fréquences et permettent de détecter ces réseaux, comme une baguette de sourcier détecte de l'eau.

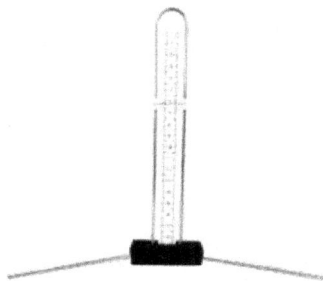

Il n'existe aucune validation par le monde scientifique du réseau Hartmann.

Les unités de vibrations sont mesurées en BOVIS.

Métal	dimensions de la maille	épaisseur	Orientation	Nom
Nickel	2,00 x 2,50 m	21 cm	0°	Hartmann
Fer	4m x 4 m en moyenne, variable de 3 à 8 m	40 cm	45°	Curry
Zinc		36 cm	45°	
Cuivre	10 x 10 m environ	30 cm	0°	Peyré
Platine		36 cm	45°	
Argent	350 km x 400 km	36 cm	45°	
Argent double		72cm	45°	
Or	350 km x 400 km, 540 km à l'équateur	72cm	0°	
Or double		144cm	0°	

Quelques valeurs de mailles pour différents métaux

Il serait aussi possible de capter les vibrations d'entités spirituelles, les vibrations d'êtres vivants ou des objets liés à la spiritualité

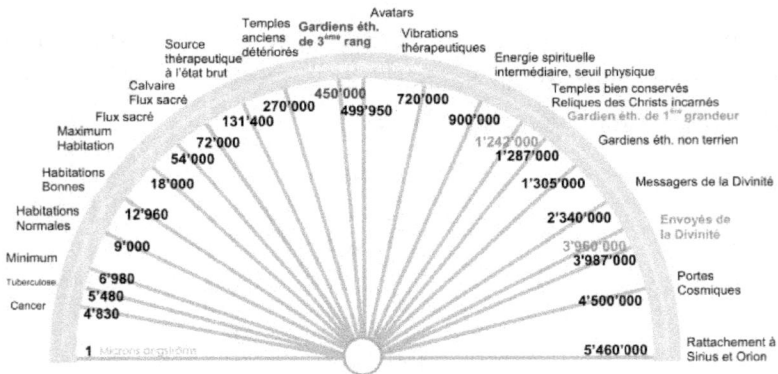

Quelques autres valeurs pour des éléments plus spirituels

Georges Prat a mesuré l'intensité des vibrations spirituelles des tours rondes d'Irlande, croyant y détecter des vibrations d'êtres très élevés spirituellement.

Georges Prat a tenté de détecter l'emplacement des réseaux de géobiologie pour de nombreux monuments et en a sorti deux ouvrages étonnants ; « Atlas de la Géobiologie » et « L'architecture

Cosmique ».

Ses mesures effectuées sur certains monuments religieux donnent des schémas comme celui-ci dessous, où de multiples réseaux se chevauchent. Il explique que le monument est situé à l'intersection de plusieurs réseaux relatifs à des métaux différents, et insiste en démontrant que ce ne peut être le fait du hasard si le monument est situé à un nœud de maille du réseau géobiologique de l'or, vu que la maille du réseau de l'or est espacée de plusieurs centaines de kilomètres.

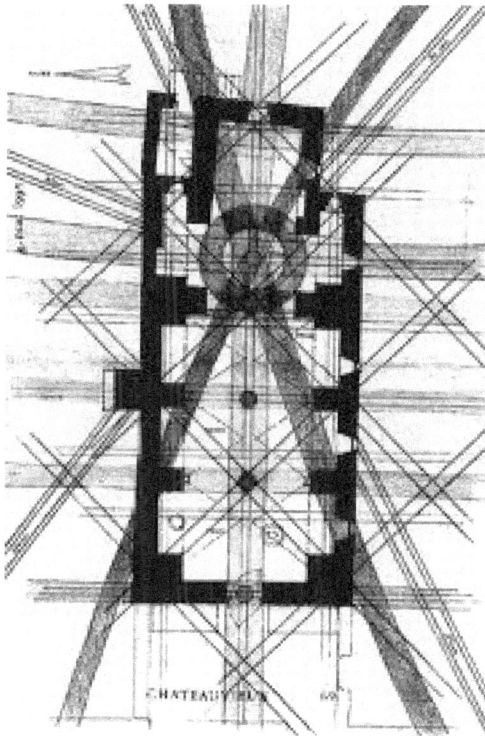

E-16 UCLA

Cette fameuse université de Californie, située à Los Angeles, existe depuis bientôt 100 ans.

Elle possède un département d'archéologie assez actif, le COTSEN Institute of Archaeology, menant plusieurs dizaines de recherches dans le monde. Il est situé dans le bâtiment Fowler.

Divers - Science

S-1 *La magnitude des étoiles*

En astronomie, la **magnitude absolue** indique la luminosité intrinsèque d'un objet céleste, au contraire de la magnitude apparente qui mesure sa luminosité perçue depuis la Terre.

Pour une planète solaire, la magnitude apparente variera en fonction de l'évolution de la planète autour du soleil. Tantôt la distance sera très grande, tantôt beaucoup moindre. Tantôt elle sera affectée par la proximité du soleil, tantôt par son éloignement. La portion éclairée de la planète influence aussi cette magnitude.

Un petit quartier éclairé d'une planète à son élongation maximum donne une plus grande magnitude qu'une face complètement éclairée, mais quand la planète est opposée à nous par rapport au soleil.

Seuls trois astres provoquent une ombre visible sur Terre, le Soleil, la Lune puis Vénus.

La magnitude est toujours négative, et est plus grande pour une valeur négative plus grande.

Voici quelques valeurs de magnitudes apparentes

Magnitude apparente	Corps céleste
-26,7	Soleil
-12,6	Pleine Lune
-4,6	Vénus
-2,9	Mars
-1,5	Sirus (étoile la plus brillante)

La magnitude apparente de Vénus peut varier entre -4,9 et -3, mais se situe généralement entre -4,6 et -4,7

S-2 Orion et les acides aminés

Mme Cerf , biologiste, et Alain Jorissen, astrophysicien, tous deux chercheurs à l'Université Libre de Bruxelles, ont publié un article tentant de démontrer que les caractéristiques lumineuses de la constellation d'Orion sont propres à créer la vie sur Terre, la lumière du soleil ne suffisant pas à cela.

L'idée était que la polarisation circulaire lévogyre de cette lumière influençait fortement la création d'acides aminés « L », en défaveur des acides aminés « R ». Le L étant pour gauche et le R pour droit.

Les acides aminés sont des molécules chirales, pouvant avoir deux états, des états géométriquement miroirs, comme nos mains.

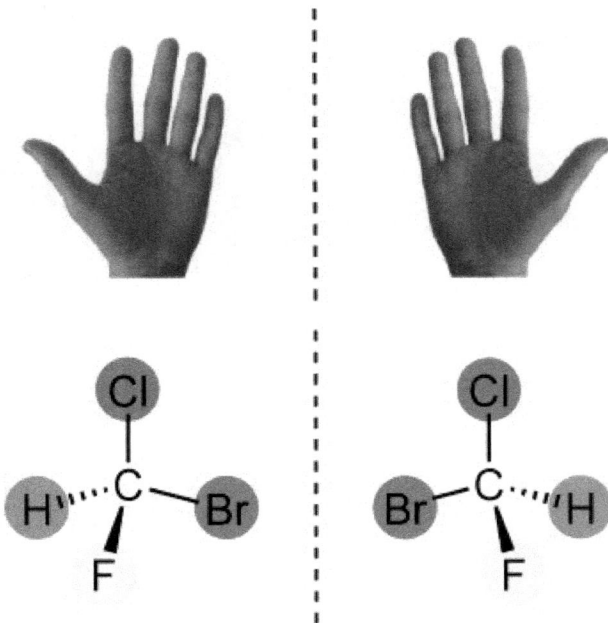

La Chiralité

La vie, l'ADN, ne peuvent apparaître en effet qu'en présence d'acides aminés « L ». Si l'on essaye de créer des acides aminés sous la lumière du soleil ou une lumière artificielle, on obtient 50 % de L et 50 % de R, ce qui n'est pas suffisant pour créer la vie.

Si on refait l'expérience sous une lumière polarisée circulaire lévogyre, le taux d'acides L est plus grand que celui d'acides R.

Le titre de l'étude est « Is Amino-Acid Homochirality due to Asymmetric Photolysis in Space ? »

Ils ne sont pas parvenus à démontrer à 100 % que leur théorie était vraie.

Ils ont alors recommencé une étude sur les sucres, des briques de bases de ces acides aminés, et aussi des molécules chirales.

Là, il sont parvenus à démontre avec certitude que la lumière d'Orion influence bien le sucre à être produit en majorité sous la forme de Dextrose, des sucres « R », ainsi que le fait que si un acide aminé utilise du sucre R il se formera géométriquement sous la forme L.

Le titre de cette deuxième étude est "Asymmetric Photoreactions as the Origin of Biomolecular Homochirality: A Critical Review"

S-3 *La ceinture de Van Allen*

Cette ceinture est une zone toroïdale, symétrique par rapport à l'équateur magnétique de la Terre. Elle contient une grande densité de particules énergétiques.

La ceinture intérieure est constituée de protons à haute énergie et la ceinture extérieure est constituée d'électrons à haute énergie, en moins grand nombre.

À ce jour, seuls les astronautes ayant été sur la Lune ont traversé cette ceinture. Il a été calculé qu'on ne peut rester plusieurs jours dans cette zone sans en avoir des dommages.

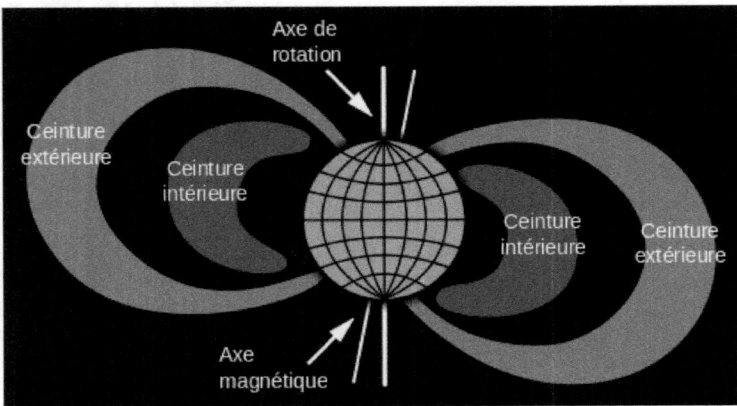

S-4 La Biométrie

La biométrie regroupe les différentes techniques permettant de différencier les êtres humains entre eux au travers de diverses techniques de mesure.

Certains organes ou certaines de nos fonctions sont uniques et permettent donc de différencier tout être humain.

Certaines caractéristiques sont vraiment uniques pour chaque individu, comme les empreintes digitales, la forme des oreilles, l'iris, l'ADN, tandis que d'autres permettent de différencier les individus, mais sans garantie de ne pas avoir une personne semblable, comme avec la voix, le visage, les cheveux, le comportement, la manière de frapper sur un clavier.

Enfin, la biométrie peut aussi utiliser d'autres mesures plus communes pour catégoriser des individus, comme la pression sanguine, la fréquence cardiaque, la couleur des yeux ou des cheveux, la taille, le poids.

Toutes ces applications doivent jongler avec les lois en vigueur, interdisant de stocker des données privées liées à l'identité d'un individu.

Enfin, certaines de ces caractéristiques changent au long de la vie, et les systèmes doivent s'attendre à des problèmes liés au vieillissement des individus pour certaines mesures comme la forme des oreilles par exemple.

ALAIN HUBRECHT

Divers - Technologie

T-1 OUR-J, Anthony Woods, Vieroudy et les autres...

Le groupe d'études d'OVNI OUR-J a été créé par Junichi Kato au début des années 2000. Il a disparu à ce jour.

Le groupe comptait une centaine de membres, et Kato les encourageait à se concentrer pendant plusieurs semaines afin qu'une apparition d'OVNI survienne à une date et en un lieu préalablement déterminé.

Le fait est que des objets sont apparus, et comme on peut le voir sur la photo ci-dessous, les membres étaient présents à la date et au lieu dit pour photographier ce qui se manifesterait.

C'est ainsi qu'ils ont pu utiliser des téléobjectifs de 2000mm et prendre en photo des sphères transparentes, qui étaient en très grand nombre dans le ciel, plus de 60 sans doute.

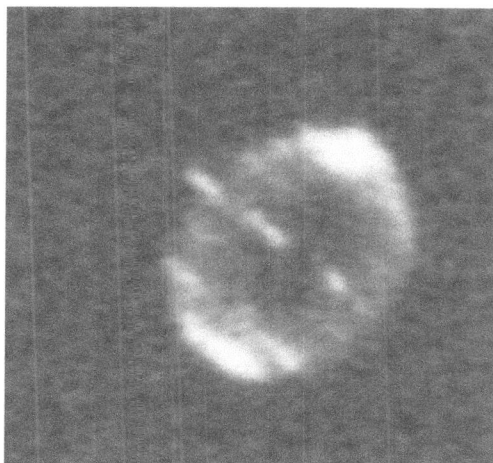

Un objet typique vu sous un angle

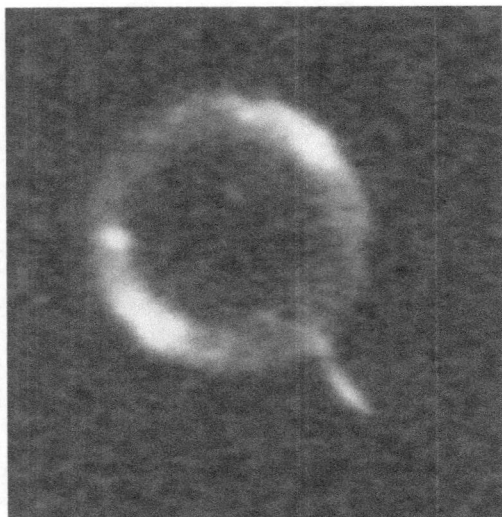

Le même objet à un autre moment

Un groupe de ces objets

"The first step is to go to a place that is quiet, with open skies and where you can concentrate. Then you just need to focus on the feeling that you want to see a UFO." explique Kato.

Seulement un pour cent de leurs observations ressemblait à des soucoupes volantes typiques

Anthony Woods

« Tony » est une personne capable de « sentir » qu'un OVNI est dans les environs.

Il prend alors calmement son caméscope, sort de sa maison, fouille le ciel jusqu'à repérer l'objet qui semble l'attendre, généralement à 2000 mètres d'altitude. Souvent ce sont des sphères, comme celles vues par OUR-J, mais ce peut aussi être des objets amorphes, changeant constamment de forme, émettant de la lumière, ayant des reflets métalliques, ayant des formes organiques ou celle d'une soucoupe volante.

Il a ainsi pu observer des centaines de phénomènes inexpliquées, de jour comme de nuit, de loin comme de près, et plus d'une observation s'est déroulée au-dessus de sa maison ou de celle de ses parents.

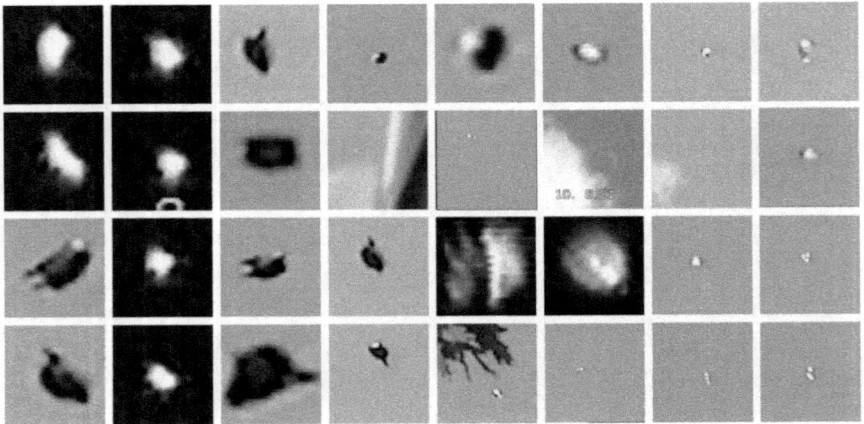

Un collage de différents objets filmés par Anthony.

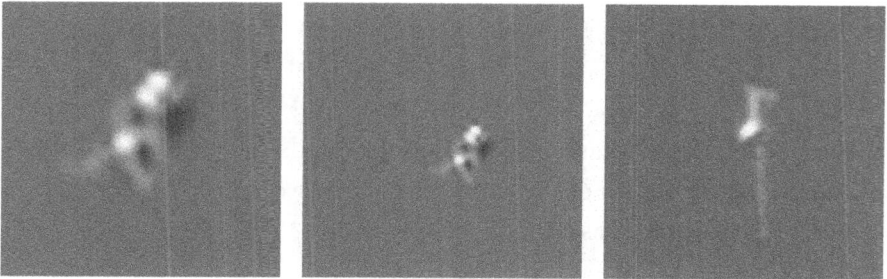

Des objets amorphes, lumineux…

Souvent, l'observation à l'œil nu ou à la jumelle montre plus de détails, comme en astronomie pour observer les planètes.

Anthony a pu aussi observer des passages d'hélicoptères ou d'avions étranges dans les parages immédiats juste après le passage d'un OVNI. Il faut noter que Anthony habite près d'une base QINETIQ (ex-DERA) où sont développés des radars très puissants, et ce dans le plus grand secret. Les autorités contactées ont déclaré ne rien avoir observé et n'être responsables de rien de lié aux observations de Anthony

Pierre Vieroudy

Pierre Berthault, alias Pierre Vieroudy, pensait que les OVNIS étaient des phénomènes paranormaux, créés comme le pensait C. Jung, par notre inconscient.

Il a tenté avec un certain succès de le démontrer en provoquant l'apparition de phénomènes lumineux nocturnes, un peu semblables à ceux observés à Hessdalen.

Il les a pris en photo et a utilisé un réseau pour obtenir leur spectre.

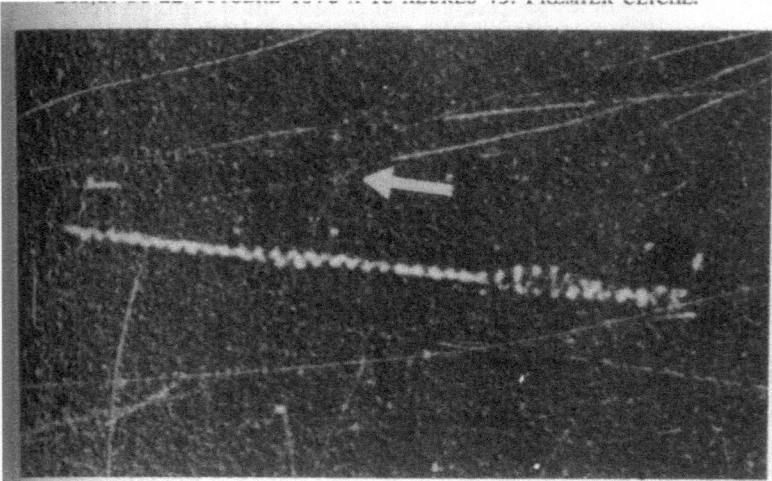

L'OBJET DU 22 OCTOBRE 1976 A 18 HEURES 45. DEUXIÈME CLICHÉ.

Il avait mis au point un protocole assez identique à celui du groupe

OUR-J, à savoir se concentrer durant une période d'une à deux semaines, puis faire un lâcher-prise quelques jours avant la date choisie.

Sûr de lui, il remettait à un notaire des lettres fermées contenant les dates et lieux choisis pour les apparitions, et faisait vérifier par la présence d'articles dans la presse l'exactitude de ses prédictions.

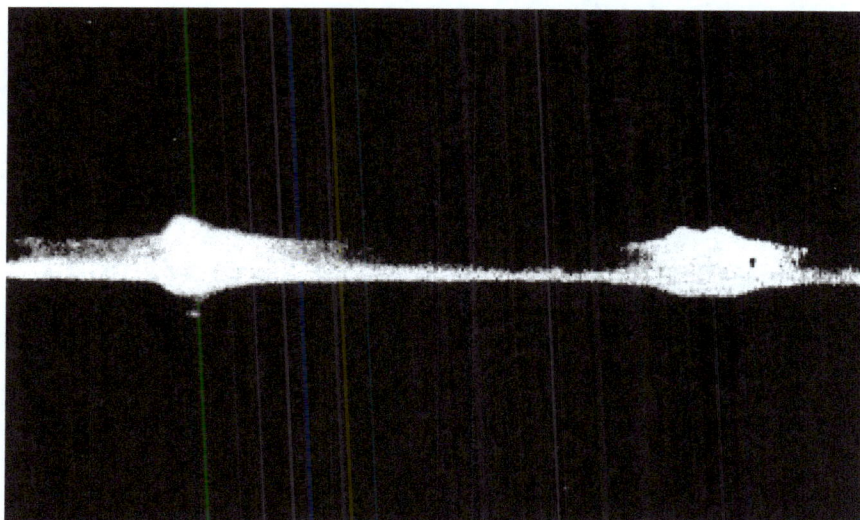

Le spectre de l'objet photographié, avec deux raies d'émission à 5500 et 6500.

T-2 SAIC et la cellule CAT

La société SAIC, anciennement appelée **Science Applications International Corporation**, est active dans la défense et l'aérospatial depuis 1969.

Elle fut jusqu'en 2006 structurée comme une coopérative (de 40.000 employés ces dernières années), sans doute pour qu'elle ne puisse pas être rachetée par une OPA et donc être contrôlée par d'autres que ceux qui la contrôlent réellement)

SAIC a bien récupéré en 1991 le programme STARGATE des mains de la DIA (service d'espionnage du ministère de la Défense).

SAIC serait responsable de l'édification des budgets du Congrès américain et des divers corps de l'armée US.

Au-delà de diverses activités non secrètes, on peut comprendre qu'ils gèrent de multiples contrats secrets.

Voici une liste des domaines d'activités délivrés au gouvernement américain :

- Management consulting and administration
- Air and satellite operations
- Border control
- Counter-drug operations
- Counter-IED explosives operations
- Counterintelligence
- Cyber operations
- Disaster preparedness
- Ground force operations
- Weapons technology
- Intelligence analysis
- Law enforcement
- Naval operations
- Nuclear operations
- Staffing and personnel
- Building and personal security
- Specialized military operations
- Technical intelligence

On peut difficilement faire plus exhaustif. Leurs plus gros clients sont le Ministère de la Défense, le Ministère de la Sécurité du Territoire et tous ceux faisant de l'espionnage, dont la NSA.

En 2008, SAIC gérait plus de 9.000 contrats pour le gouvernement américain, pour un total de plus de 8 milliards de $.

La société recrute principalement son management parmi d'anciens généraux, espions, diplomates, amiraux…

Ils ont aussi gagné un contrat visant à assurer la sécurité de toutes les missions de la NASA. Ils ont été chargés de missions d'audit de sécurité de la navette spatiale. Ils ont aussi construit la voiture qui a transporté les astronautes sur le sol lunaire durant les missions Apollo.

Ils viennent en 2010 de recevoir la commande par la NASA de la conception d'un nouveau lanceur « lourd », du type d'Ariane 5.

SAIC a bien des activités en spectrographie à leurs bureaux de San Diego en Californie.

CATS

SAIC a créé une cellule assez discrète du nom de CATS, pour « Consequence Assessment Tool Set ».

Il s'agit d'une unité capable de réagir le plus rapidement possible à toute forme de catastrophe ou d'attaque terroriste, que ce soit au niveau de l'analyse ou d'actions bien précises en réaction à ces évènements.

T-3 L'avion Aurora

En 1964 décolla pour la première fois le fameux SR-71, le Blackbird de la société Lockheed.

Cet avion capable de voler à Mach 3 fut utilisé pour prendre des photos des territoires russes pendant la guerre froide.

L'avion fut retiré du service en 1990 pour n'être remplacé par aucun appareil connu.

Les spéculations ont germé sur un avion super secret, n'ayant pas encore été rendu public à l'inverse du F117 et du B2, au nom d'Aurora.

Le plus gros argument en sa faveur est la longueur anormale d'une piste de décollage de Groom Lake (Area 51 ou Dreamland), cette base aérienne top secret perdue dans le désert du Nevada.

Seule photo du prétendu avion Aurora

Le fabricant italien ITALERI de maquettes en plastique à produit il y a quelques années, avant de le retirer de la vente assez vite, une boîte contenant ce qui pourrait bien être cet avion Aurora, qu'on voit monté sur le dos d'un autre avion secret, possible remplaçant du SR-71, le SR-75. Le code de l'Aurora serait ici XR-7. Il est expliqué que le SR-75 fabrique de l'oxygène pendant son ascension, oxygène qui sera consommé par le XR-7 lors de ses vols orbitaux à plus de MACH 7.

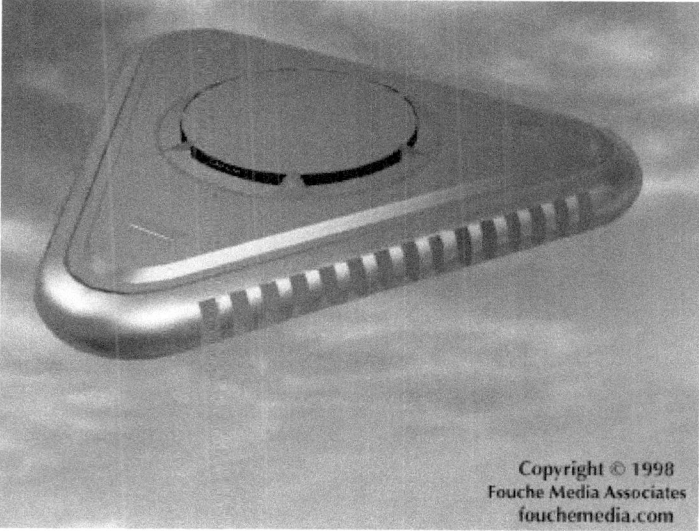

Copyright © 1998
Fouche Media Associates
fouchemedia.com

Un autre possible avion ultra secret dont on parle beaucoup serait le TR-3B, un avion utilisant l'antigravité et la magnétohydrodynamique (MHD). Certains pensent que beaucoup d'apparitions des OVNIS de type « triangle noir » seraient des apparitions du TR-3B.

T-4 ISS

La Station Orbitale Internationale regroupe les efforts des Américains, des Russes, des Européens, des Japonais et des Canadiens. Elle tourne autour de la Terre en orbite basse, entre 330 et 410 km. Son assemblage aura duré 15 ans et doit se terminer en 2013. Elle contient 400 m³ habitables. La station contient un spectromètre de 6 tonnes.

ISS

Le module Cupola

Le module d'arrimage PMA

T-5 Navette X-37C

Boeing a été chargé de développer une navette de remplacement pour les Space Shuttle, définitivement retirées du service en 2011.

La navette opérée par l'US Air Force possède deux variantes, une version cargo, la X-37B et la version équipage, X-37C.

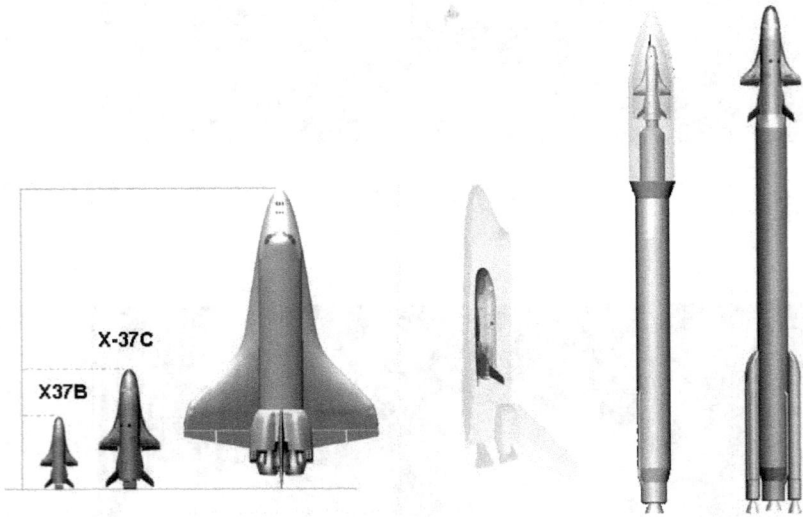

Tailles respectives des différentes navettes

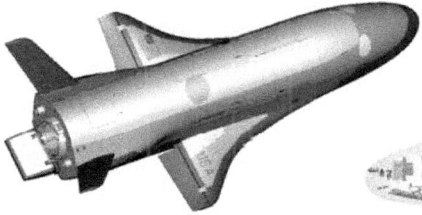

Boeing X-37C Crew Vehicle

Aft APAS with 6 astronauts, forward and aft cameras, side windows.

Peu de choses filtrent sur cette navette ; tous les vols sont classés Top Secret.

ALAIN HUBRECHT

T-6 Enigme de Jim Sanborn à la CIA

Le Kryptos est une sculpture étrange, contenant un message
secret. Elle est située dans la cour intérieure du quartier général de
la CIA.
Jim Sanborn a créé Kryptos en collaboration avec Ed Scheidt, le
chairman de la CIA à l'époque de la création de la sculpture.

La sculpture se compose de 4 parties. Des milliers de personnes
ont déjà cherché à comprendre le message. Aujourd'hui 3 de ces
parties ont été déchiffrées. L'une fait référence à l'ouverture du
tombeau de Toutankhamon en 1922, les deux autres sont des
messages plus ou moins incompréhensibles, du genre de ceux
utilisés pour désigner l'emplacement d'un trésor.

Certains s'interrogent si Kryptos ne fait pas référence au livre de
Peter Tompkins, Secret Of the Soil, qui fut publié juste avant la
construction de la sculpture. Une partie du code contient la phrase
suivante « The information was gathered and transmitted
underground".

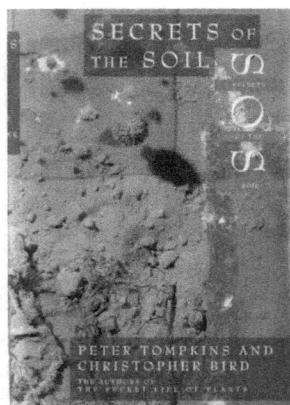

Dans le livre, un chapitre intitulé « Vortex of Life » contient une phrase reproduite en grande partie au pied de la sculpture
D'autres éléments de la vie de Peter peuvent aussi laisser croire qu'il connut les deux créateurs de la sculpture, au point de penser que la sculpture est basée sur le résultat des recherches de Peter sur l'énergie subtile sous-jacente à la vie, que la science n'a pas encore découverte.

Le blog consacré au décryptage
www.thekryptosproject.com

Blog de Randy Thompson, entièrement consacré à Kryptos

http://www.freeverse.com/apexofkryptos

T-7 HAARP

Le projet HAARP, pour High Frequency Active Auroral Research Program, vise à étudier l'ionosphère.

Le site est localisé en Alsaka. Ce sont l'Armée de l'Air et l'US Marine qui le financent. Le site comporte 180 antennes capables d'irradier au total 3,8 GW à 9,5 MHz.

Il existe cinq autres sites plus petits, gérés par diverses entités.

Les scientifiques essayent de comprendre en quoi des

modifications de l'ionosphère peuvent modifier localement le climat. Dans le livre *"Les anges ne jouent pas de cette HAARP"* écrit en 1995 par Nick Begich et Jeane Manning, les auteurs prétendent que le système HAARP pourrait influencer le comportement des personnes à distance, ainsi que modifier le climat ou perturber les communications.

ALAIN HUBRECHT

Divers - Personnages

P-1 *Philip Callahan*

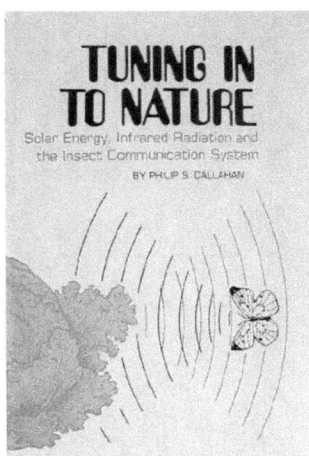

Phil fit des études d'entomologiste et de philosophie.

Durant la Deuxième Guerre mondiale, Phil fut employé par l'armée comme technicien radio basse fréquence et posté le long de la côte irlandaise. Il aimait l'escalade et l'impression d'ivresse qu'il en retirait, impression qu'il attribuait non pas à l'altitude, mais à la proximité des rochers. Un jour qu'il visita une tour ronde d'Irlande, il ressentit la même sensation d'ivresse. Il fit un lien entre une antenne radio, dont il devait s'occuper, et les tours rondes d'Irlande, et décida d'étudier plus en détail ces monuments mystérieux dont personne ne connaissait la fonction. Il en conclut qu'elles avaient les mêmes propriétés que les antennes des mites, capables de détecter la chaleur. Il comprit que les plantes, les insectes et le sol avaient en commun les photons, que ces photons interconnectaient ces trois acteurs au travers du spectre électromagnétique.

Pour Phil, le paramagnétisme correspond à un échange de lumière entre les roches et les racines. Au plus la roche est paramagnétique, au plus elle intercepte toutes les radiations de l'environnement pour en faire profiter les plantes environnantes.

P-2 Jean-Emile Charon

Jean-Émile était physicien et philosophe.

Il a beaucoup œuvré en physique pure, mais a imaginé en parallèle une théorie sur notre psychisme, basée sur l'idée que toute particule a deux propriétés supplémentaires, une conscience, et une mémoire. De là il en est venu à parler de psychomatière, expliquant que de la matière c'est aussi de l'esprit.

« Il faut bien imaginer que les particules, lorsqu'elles sont retournées au cosmos, ne sont plus liées comme elles l'étaient auparavant dans le corps. Mais, à mon sens, je sens que ces particules sont réparties dans tout le cosmos, de sorte qu'elles échangeraient encore quelque chose... comme si une sorte de vivant subsisterait, mais très différent du vivant que l'on connaît. »

P-3 Chris Dunn

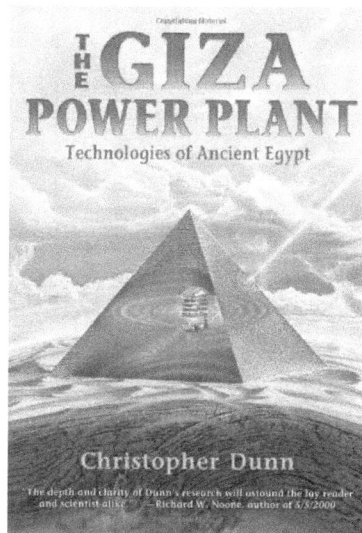

Chris travaille comme ingénieur mécanicien pour une société américaine d'aérospatiale. Il est habitué à travailler avec des niveaux de précision du micron. Il a aussi travaillé sur des lasers de puissance.

En visitant la grande pyramide, il fut fasciné par l'impression de précision que certains endroits lui laissèrent, et il consacre une grande partie de sa vie à démontrer cette précision incroyable et à en montrer différents exemples, principalement en Égypte, mais aussi en Amérique du Sud comme a Puma Kultu.

Il émit une théorie selon laquelle la grande pyramide serait une gigantesque machine, sans doute un MASER, une machine à amplifier des micro-ondes.

Son blog http://www.gizapower.com

P-4 François Favre

François est psychiatre de formation, spécialisé en parapsychologie. Il a développé une théorie très intéressante selon laquelle notre cerveau serait doté de capacité à « voir » dans le temps, et à nous pouvoir en déduire des actions correctives.

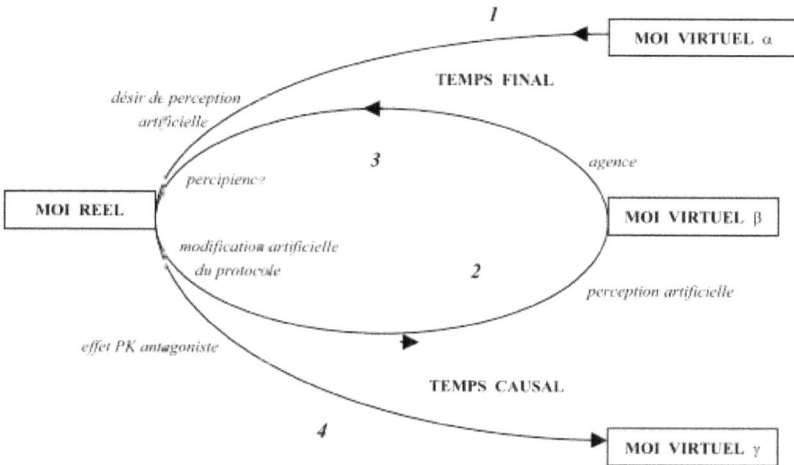

Schéma 5. Auto-prémonition double

Il a développé une théorie très intéressante selon laquelle notre cerveau serait doté de capacité à « voir » dans le temps, et à pouvoir en déduire des actions correctives.

Selon lui, toutes les manifestations inexpliquées comme les

fantômes, les ectoplasmes, les apparitions mariales et les OVNIS sont produites par notre inconscient

François a écrit quelques livres, articles et de nombreux courriers à des scientifiques ou à de soi-disant experts en paranormal, écrivant de manière invariable que les scientifiques ne s'intéressent pas assez au paranormal et aux spécialistes du paranormal de ne pas être assez scientifiques.

Un de ses meilleurs articles se nomme « Le modèle de l'autoprémonition», à lire sur son blog.

Il a produit deux ouvrages collectifs dans la collection :

« La parapsychologie : les pouvoirs inconnus de l'homme «

- les apparitions mystérieuses
- que savons-nous sur les fantômes ?

Son blog :

http://www.sciencesphilo.fr

P-5 Carl Gustav Jung

Carl est né en Suisse en 1875. Après des études de médecine, il se spécialise en psychiatrie et en psychologie. Après avoir arrêté sa collaboration avec Sigmund Freux, il invente la psychologie analytique. S'inspirant de l'alchimie, il était persuadé de la réalité de l'âme, qu'il nommait psyché, et de ses manifestations dans notre culture au travers de son autre création, l'inconscient collectif.

Il inventera aussi le concept de synchronicité, terme galvaudé aujourd'hui par le « New Age » et les théories pseudo quantiques.

Cinq ans avant de mourir, il se passionnera pour les soucoupes volantes.

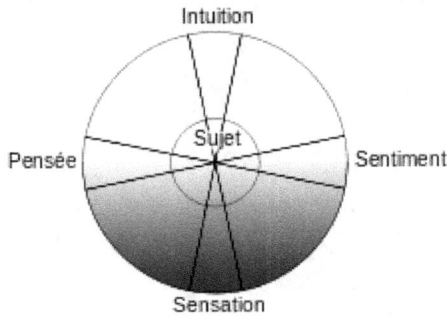

Les « quatre fonctions » de la personnalité selon la typologie jungienne.

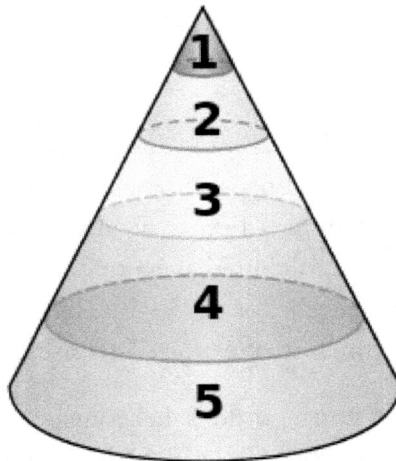

Représentation conique de la structure de la psyché selon la psychologie analytique :
1. le Moi ;
2. le conscient ;
3. l'inconscient personnel ;
4. l'inconscient collectif ;
5. la partie de l'inconscient collectif qui ne peut être connue, dite « inconscient archaïque »·

P-6 Volodymyr Krasnoholovets et les inertons

Volodymyr est chercheur en physique des plasmas à l'Institut de Physique de Kiev, en Ukraine.

Il a essayé d'unifier les lois de la physique fondamentale au travers de termes géométriques.

Parmi ses différentes activités, il a fortement participé à la naissance de la notion d'inertons, une nouvelle particule impliquée dans la gravitation.

Il est membre d'un groupe de recherches sur les mystères de la Grande Pyramide : « Great Pyramid of Giza Research Association »

P-7 Bertrand Méheust

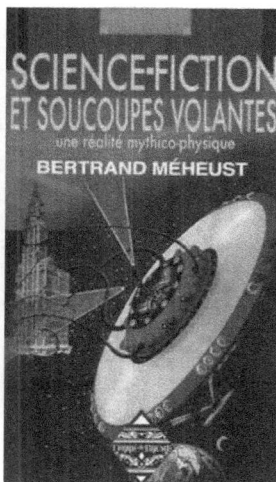

Bernard est philosophe.

Un jour qu'il rangeait un grenier, après avoir découvert de vieilles revues de science-fiction, il eut l'idée de faire un parallèle entre les histoires et les dessins de science-fiction et les récits d'expériences réelles. Il constata comme son intuition le lui avait suggéré, qu'il existe systématiquement un décalage entre un récit de fiction et sa réalisation future dans la réalité, des dizaines d'années plus tard.

C'est comme si une idée de fiction mettait des années à pénétrer l'inconscient collectif puis se matérialisait spontanément.

Ces dernières années, Bernard préfère se concentrer sur l'étude des phénomènes métapsychiques plutôt que sur les OVNIS.

Son blog: http://bertrand.meheust.free.fr/

P-8 Joseph Moneagle

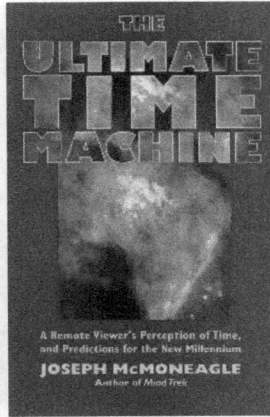

Joseph fut recruté par l'armée US comme remoter viewer dans leur programme secret d'espionnage, comme Paul Smith.

Il rejoignit plus tard le projet Stargate.

Ensuite, il travailla avec Dean Radin au Conscious Research Laboratory de l'université du Nevada à Las Vegas à la conception d'une machine capable de faire du remote viewing.

Son blog :

http://www.mceagle.com

P-9 Jean-Pierre Petit

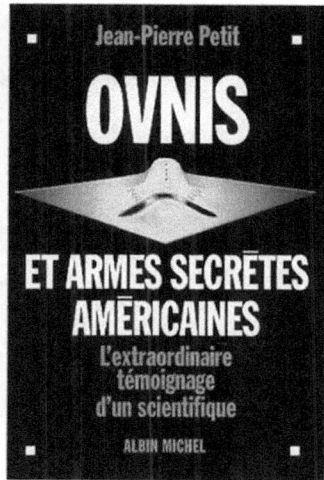

Jean-Pierre est un scientifique de haut niveau, spécialisé dans la mécanique des fluides, la physique des plasmas, la physique théorique et la magnétohydrodynamique (MHD).

La découverte des lettres ummites, soi-disant écrites par des extraterrestres pendant près de 40 ans, a influencé sa vie et l'orientation de ses recherches sur les univers gémellaires et la propulsion par MHD.

Il est un fervent défenseur de la théorie « tôle et boulons » des OVNIS.

Son Blog http://www.jp-petit.org

P-10 Ruppert Sheldrake

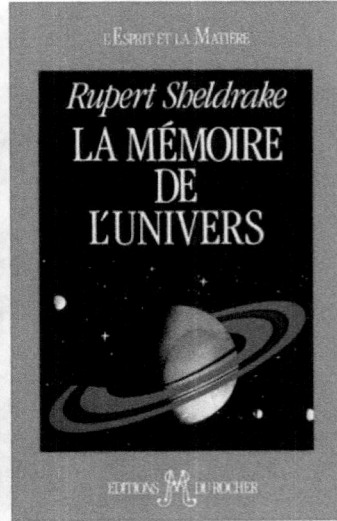

Ruppert est docteur en biologie. Il est l'inventeur de la notion des champs morphiques, ces champs d'ondes qui seraient capables de transporter une information dans le monde entier. Ces champs se créeraient de manière automatique, qu'ils contiennent la forme d'une rose, la manière de rouler en vélo ou le contenu d'une découverte.

Il a démarré ses recherches en concluant que ce qui fait qu'une cellule prenne telle ou telle forme en se différenciant n'était pas contenu dans le vivant, mais devait venir d'autre part.

Ruppert est aussi connu pour ses expériences avec les chiens, démontrant par caméras interposées qu'un chien sent à distance quand son maître décide de rentrer à la maison.

Son blog

http://www.sheldrake.org

P-11 *Paul Smith*

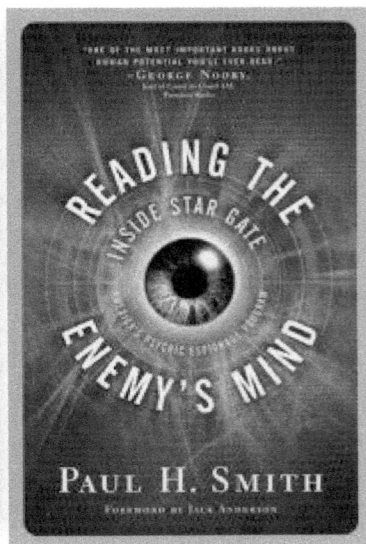

Paul fut major au sein de l'armée US. Il fut formé par Ingo Swann aux techniques de remote viewing et a exécuté des missions de RV au sein de l'unité Dragoon Absorb des services de renseignements de l'armée US, avant de rejoindre l'unité Stargate au sein de la DIA/CIA.

Il gère actuellement la société « Remote Viewing Instructional Services », donne des conférences et produit divers livres relatifs au sujet de la RV.

www.rviewer.com

P-12 Russell Targ

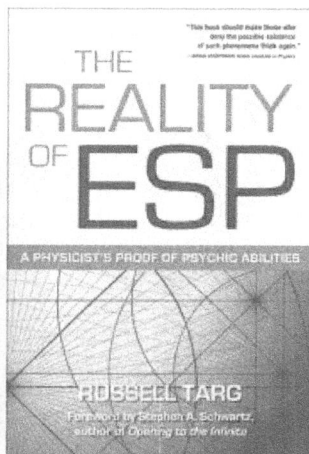

Russel est un personnage hors du commun. C'est son père qui écrivit le fameux roman « Le Parrain ». Russel eut comme beau-frère le champion du monde d'échec Bobby Fisher.

Il travailla chez Lockheed Martin, une société habituée des black projects (skunks works), où il participa à la mise au point des lasers aériens. Il écrivit une centaine d'études sur les lasers et les plasmas.

C'est avec Harold Puthoff qu'il créa le projet de recherche sur le Remote Viewing au Stanford Research Institutes (SRI).

Leurs recherches s'appuyèrent principalement sur les capacités de Uri Geller et d'Ingo Swann.

Le projet fut classé Top Secret de 1972 à 1995, date à laquelle personne ne sait vraiment ce qu'il est devenu. On pense qu'il fut récupéré par SAIC.

P-13 Nikola Tesla et sa citation

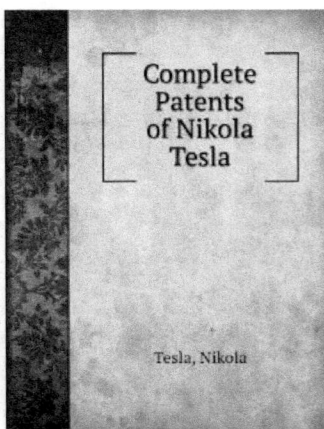

Nikola Tesla fut un inventeur prodigieux, doué d'une faculté à voir dans son esprit des appareils fonctionner, qu'il ne lui suffisait plus ensuite qu'à dessiner, faire fabriquer et constater qu'ils fonctionnaient du premier coup. Il était persuadé qu'il accédait à un réservoir de connaissance. Voici les termes qu'il utilisait pour le décrire :

"My brain is only a receiver, in the Universe there is a core from which we obtain knowledge, strength, inspiration. I have not penetrated into the secrets of this core, but I know it exists."

Nikola est né le 10 juillet 1856. À cette date, Vénus était à l'opposé de la Terre, quasi derrière le soleil, mais à quelques degrés de celui-ci quand même. Astronomiquement parlant, Vénus n'est plus visible ni observable tellement elle est proche du Soleil. On ne peut donc prétendre que cette planète ait joué un rôle important dans ses capacités visionnaires.

Voici quelques extraits d'un discours donné par Nikola lorsqu'il reçut la médaille Edison de L'institut américain des Ingénieurs Electriciens à New York le 18 mai 1917 :

"From childhood I was afflicted in a singular way—I would see images of objects and scenes with a strong display of light and of much greater vividness than those I had observed before. They were always images of objects and scenes I had actually seen, never of such as I imagined.

As I look at it now these images were simply reflex actions through the optic nerve on the retina, producing on the same an effect identical to that of a projection through the lens, and if my view is correct, then it will be possible, (and certainly my experience has demonstrated that), to project the image of any object one conceives in thought on a screen and make it visible. If this could be done it would revolutionize all human relations. I am convinced that it can and will be accomplished.

I had seen little of the world, only objects around my own home, and they took me a few times to some neighbours, that was all I knew. Then I began to make excursions beyond the limits of the little world I knew, and I saw new scenes. These were at first very blurred and indistinct, and would flit away when I tried to concentrate my attention upon them, but by and by I succeeded in fixing them; they gained in force and distinctness and finally assumed the intensity of real things. Soon I observed that my best comfort was attained if I simply went on in my vision farther and farther, getting new impressions all the time, and so I started to travel—of course, in my mind.

It seemed to me that was the greatest discovery possible to man. Every night (and sometimes during the day), as soon as I was alone I would start on my travels. I would see new places, cities and countries, I would live there, meet people and make friendships and acquaintances, and these were just as dear to me as those in real life and not a bit less intense. That is the way I did until I reached almost manhood. When I turned my thoughts to invention, I found that I could visualize my conceptions with the greatest facility. I did not need any models, drawings or experiments, I could do it all in my mind, and I did. In this way I have unconsciously evolved what I consider a new method of materializing inventive concepts and ideas, which is exactly opposite to the purely experimental

When I get an idea, I start right away to build it up in my mind. I change the structure, I make improvements, I experiment, I run the device in my mind. It is absolutely the same to me whether I operate my turbine in thought or test it actually in my shop. It makes no difference, the results are the same. In this way, you see, I can rapidly develop and perfect an invention, without touching anything. When I have gone so far that I have put into the device every possible improvement I can think of, that I can see no fault anywhere, I then construct this final product of my brain. Every time my device works as I conceive it should and my experiment comes out exactly as I plan it. In twenty years there has not been a single solitary experiment which did not turn out precisely as I thought it would.

You know that instinct is something which transcends knowledge. We have, undoubtedly, certain finer fibers that enable us to perceive truths when logical deduction, or any other willful effort of the brain, is futile. We cannot reach beyond certain limits in our reasoning, but with instinct we can go to very great lengths. I was convinced that I was right and that it was possible. It was not a perpetual motion idea, it could be done, and I started to work at once.

It was nothing for me to read from memory the contents of an entire book, with every word between the covers, from the first to the last. My sister and brother, however, could do much better than myself. I would like to know whether any of you has that kind of memory. It is curious, entirely visual and retroactive. To be explicit when I made my examens, I had always to read the books three or four days if not a week before, because in that time I could reconstruct the images and visualize them; but if I had an examination the next day after reading, images were not clear and the remembrance was not quite complete.

I was reciting Goethe's poem, and just as the sun was setting I felt wonderfully elated, and the idea came to me like a flash. I saw the whole machinery clearly, the generator, the motor, the connections, I saw it work as if it had been real.

In later life though, I realized I would not have produced anything without the scientific training I got,"

Nikola ratait tous ses tests à l'école, car l'école avait la caractéristique de ne donner que des sujets imposés, et Nikola ne pouvait travailler qu'en suivant ses visions. C'est donc grâce à l'influence de son père qu'il put obtenir son diplôme d'humanité. Mais quand il débuta ses études d'ingénieur, ce fut toute autre chose. Il adorait se lever à trois heures du matin et travailler jusqu'à onze heures du soir, avec une seule exception dans l'année.

"The day science begins to study non-physical phenomena, it will make more progress in one decade than in all the previous centuries of its existence." — Nikola Tesla

P-14 Peter Tompkins

Peter travailla dans les services secrets US pendant la Deuxième Guerre mondiale, dans le service qui deviendra le futur OSS, ancêtre de la CIA. Après la guerre il redevint journaliste.

Il publia plusieurs livres, dont Secrets Of the Soil (SOS), The Secret Life of Plants, Secret of the Great Pyramid, The Magic of Obelisks

Il a toujours tenté de démontrer au travers de ses livres la présence d'une énergie, de vibrations dans la nature et dans certains monuments créés par l'homme.

On peut rapprocher son œuvre de la biodynamie actuelle.

P-15 Jacques Vallée

Jacques Vallée est un drôle de personnage. C'est déjà un géant ; pour un peu on le prendrait pour un extraterrestre lui-même !

Né en 1939 en France, il a fait des études de mathématiques et d'astrophysiques. Adolescent, il vit un OVNI, ce qui le poussera sans doute à avoir une attitude différente des autres astrophysiciens. Il verra d'ailleurs plusieurs autres OVNI durant sa courte carrière d'astronome.

Il partira aux USA pour l'astronomie, mais travaillera pour la NASA et l'exploration de Mars. Ensuite, il fera des études d'informatique et participera à des projets comme l'ancêtre d'Internet, Arpanet. Ce que Wikipedia ne dit pas, c'est qu'à l'époque il était déjà en contact avec ce qui deviendra le projet

STARGATE au SRI, et que la création d'Arapanet est en partie basée sur des expériences de remote viewing menée au SRI.

Jacques Vallée a toujours été perturbé par le comportement aberrant des OVNIS et au travers de plusieurs livres il a tenté d'examiner, de classifier et de comprendre ce qui pouvait bien se cacher derrière ce phénomène s'il n'est pas lié à des extraterrestres.

Dans le film « Rencontre du Troisième Type » il servira de modèle au savant joué par le François Truffaut.

Il a écrit une vingtaine de livres de recherche ou des romans quasi tous consacrés au mystère des OVNIS.

Aujourd'hui il donne des conférences, continue à écrire et réalise des investissements dans des start-ups.

Il vit depuis 40 ans sur la côte californienne.

ALAIN HUBRECHT

P-16 Acteurs ou personnages purement figuratifs

Certains de ces personnages sont purement fictifs, d'autres existent et ont servi de source d'inspiration. Certains même existent dans leur vrai rôle dans la vie réelle, ce qui nous amène à ne pas montrer leur vrai visage pour respecter leur vie privée.

Susan Gomez

Alex Bergen

Rano Saret

William Minsmann

Richard (Dick) D'Amato (real)

Élise Thirionnet

Étienne Davignon (réel)

Henry Kissinger (réel)

William Skinner (réel)

Harry Meessen

Ed Dixon

Toutes les images reproduites dans ce livre sont reproduites de sites internet. Tout titulaire de droit qui s'estimerait lésé peut s'adresser à l'auteur.

À PROPOS DE L'AUTEUR

Alain Hubrecht possède une expérience mondiale dans des domaines multiples tels que l'énergie, l'industrie, la sécurité et la défense. Il a travaillé pour les plus importants acteurs mondiaux tels que l'OTAN, le Pentagone, SAIC, la NASA et plusieurs autres sociétés actives dans la défense. Il est passionné de nouvelles technologies et de nouveaux défis. Il a été formé par d'anciens membres du projet STARGATE, a travaillé pour le projet Blue Brain, a été membre de l'association d'étude scientifique UFOCOM et a cofondé l'Association Transpersonnelle Belge avec Carlos Castaneda.